墨香财经学术文库

U0674662

扶持政策与环境全要素生产率增长

基于资源枯竭型城市的研究

Supporting Policies and Environmental
Total Factor Productivity Growth

Evidence from Resource Exhausted Cities

李兴 著

东北财经大学出版社 大连
Dongbei University of Finance & Economics Press

图书在版编目（CIP）数据

扶持政策与环境全要素生产率增长：基于资源枯竭型城市的研究 / 李兴著. —大连：东北财经大学出版社，2024.2

（墨香财经学术文库）

ISBN 978-7-5654-5057-0

Ⅰ.扶⋯　Ⅱ.李⋯　Ⅲ.①城市经济-转型经济-经济政策-研究-中国 ②城市经济-转型经济-全要素生产率-研究-中国　Ⅳ.F299.2

中国国家版本馆CIP数据核字〔2023〕第255839号

东北财经大学出版社出版发行

　　大连市黑石礁尖山街217号　　邮政编码　116025

　　网　　址：http：//www.dufep.cn

　　读者信箱：dufep @ dufe.edu.cn

大连图腾彩色印刷有限公司印刷

幅面尺寸：170mm×240mm　字数：155千字　印张：10.25　插页：1
2024年2月第1版　　　　　　2024年2月第1次印刷
责任编辑：李　彬　赵　楠　　责任校对：一　心
封面设计：原　皓　　　　　　版式设计：原　皓
定价：55.00元

前言

　　在中国经济由高速增长阶段向高质量发展阶段转型的过程中，资源枯竭型城市面临着保持经济持续增长与进行生态文明建设等多重困境，如何破解这些困境，成功实现资源枯竭型城市的转型发展与高质量发展，成为政策界与学术界共同关注的问题。作为推动资源枯竭型城市转型发展的主要政策，资源枯竭型城市扶持政策的实施效率以及政策效果，也就成为影响资源枯竭型城市实现高质量发展的重要因素之一。本书不仅能够为政策制定者制定更加高效的扶持政策提供相关的政策建议，也能够为资源枯竭型城市乃至全国更加高效地实现经济的转型发展、绿色发展、可持续发展以及高质量发展提供经验参考。

　　为了更加全面、准确地考察资源枯竭型城市扶持政策对环境全要素生产率增长的影响效应及作用机制，本书梳理了中国资源枯竭型城市扶持政策的制度背景以及环境全要素生产率增长的特征事实；通过假设对经济运行现实特征的突出与简化，构建包含自然资源投入、环境污染治理以及生产技术进步等要素的理论模型，并对模型进行了进一步推导；以经验研究的视角对理论模型的结论加以证实；基于理论分析得到了作用机制，利用中介效应模型，考察了"转型发展效应"和"污染防控效应"在资源枯竭型城市扶持政策影响环境全要素生产率增长过程中所发挥的机制作用。

首先，对资源枯竭型城市的特征及其扶持政策的制度背景进行了归纳总结，并对中国2003—2020年环境全要素生产率增长的特征进行了梳理。研究发现，除了"资源诅咒"以及"荷兰病"等资源型城市常见的特征外，中国资源枯竭型城市还存在转型难度大、能源消耗快以及环境污染严重等特点，更加需要中央政府的扶持。与政府主导型、市场主导型、产业政策援助以及政府放任式等常见的资源枯竭型城市扶持政策不同，中国政府对资源枯竭型城市的扶持主要是通过国务院等部门进行评定，再通过中央政府财力性转移支付资金进行支持。在环境全要素生产率增长方面，2003—2020年中国环境全要素生产率增长整体呈现出波动上升的趋势，然而，与非资源枯竭型城市环境全要素生产率的持续增长不同，资源枯竭型城市的环境全要素生产率在2010年之前持续下降，这与资源枯竭型城市单一的产业结构、落后的生产技术、较高的能耗以及环境污染有关。从2011年开始，随着资源枯竭型城市扶持政策逐渐实施，资源枯竭型城市的环境全要素生产率逐渐增长，初步证明了资源枯竭型城市扶持政策与环境全要素生产率增长之间的因果关系。

其次，从理论层面出发，通过对资源枯竭型城市发展特征的突出与简化，构建了包含制造业企业以及环境污染治理企业在内的两部门模型。通过对模型中两部门间关系的分析，从理论上对资源枯竭型城市扶持政策影响环境全要素生产率增长的效应与作用机制进行了详细论证。研究发现，资源枯竭型城市扶持政策对环境全要素生产率增长的影响为正，说明资源枯竭型城市扶持政策的实施能够促进环境全要素生产率增长。资源枯竭型城市促进环境全要素生产率增长主要来源于两个方面：一是转型发展效应，即以促进资源枯竭型城市实现转型发展为目标的资源枯竭型城市扶持政策能够促进资源枯竭型城市的产业结构转型升级以及生产技术进步，在增加经济产出的同时减少自然资源的消耗以及环境污染物的排放，最终实现环境全要素生产率的长期增长；二是污染防控效应，即资源枯竭型城市政府部门会加强环境规制力度与生态环境保护措施，在经济生产的过程中实现环境污染物排放的减少以及浓度的下降，在短期内实现环境全要素生产率增长。

再次，基于理论模型所得到的结论，利用2003—2020年中国276个城市的面板数据样本，通过双重差分模型，实证检验了资源枯竭型城市扶持政策与环境全要素生产率增长之间的因果关系，并进行了大量的稳健性检验与拓展分析。基准回归结果表明，资源枯竭型城市扶持政策能够显著促进环境全要素生产率增长。平均来说，与未实施资源枯竭型城市扶持政策的地区相比，资源枯竭型城市扶持政策的实施能够在1%的显著性水平上促进环境全要素生产率增长0.74%。这一结论得到了多种稳健性检验的支持。异质性分析的结果表明，资源枯竭型城市扶持政策的实施更能够有效促进中西部地区、中小城市以及以煤炭、石油等为主的资源枯竭型城市环境全要素生产率增长，而对东部地区、大城市以及以森林工业、冶金为主的资源枯竭型城市环境全要素生产率增长的促进作用较小。动态效应分析的结果表明，随着时间的推移，资源枯竭型城市扶持政策对环境全要素生产率增长的促进作用逐渐增强。

最后，利用中介效应模型，依次对资源枯竭型城市影响环境全要素生产率增长过程中的"转型发展效应"以及"污染防控效应"进行了实证检验。针对"转型发展效应"的中介效应模型检验结果表明，资源枯竭型城市扶持政策的实施不仅能够促进以第三产业从业人员数量与第二产业从业人员数量之比等为表征的产业结构转型升级，还能够促进以城市创新指数、发明专利授权数以及绿色发明专利占发明专利比重为表征的技术进步，从而通过消耗更少的自然资源实现更多的经济产出，同时排放更少的环境污染物，实现环境全要素生产率的长期提升。针对"污染防控效应"的中介效应模型检验结果表明，以"绿色发展"和"生态保护"为政策目标的资源枯竭型城市扶持政策的实施，一方面能够促使资源枯竭型城市政府部门加强环境规制，强化对工业企业经济生产过程中二氧化碳、细颗粒物等环境污染物排放的监管；另一方面在中央政府以及省级政府的监督下，资源枯竭型城市政府部门还会通过植树造林、增加绿地面积以及植被固碳量等配套措施，减少环境污染物的排放，降低大气中环境污染物的浓度，从而在短期内实现环境全要素生产率增长。

在现状分析、理论分析以及实证分析所得到结论的基础上，本书主要提出了以下政策启示：第一，适当增加资源枯竭型城市的扶持力度与手段；第二，通过制定合理的产业政策与配套措施，持续推进资源枯竭型城市的产业结构转型升级与生产技术进步；第三，地方政府部门不仅要加大对当地资源产业的环境规制力度，减少工业生产过程中环境污染物的排放，还要通过植树造林、增加绿化面积等方式，促进对环境污染物的吸收；第四，地方政府要根据自身的经济增长、资源禀赋等实际情况因地制宜地实施政策、制定转型目标，防止政策出现"一刀切"的情况；第五，资源枯竭型城市的政府部门应充分发挥引领带头作用，不仅要在政策实施的过程中充分考虑产业变量、固定资产投资等各个因素对政策效果的影响，还要让资源枯竭型城市中各个部门协调配合。

本书的出版得到 2023 年度教育部人文社会科学研究青年项目——"电碳关联视角下中国碳市场建设的理论基础、效果评估与政策优化研究"（项目编号：XKRC-201420）的资助，在此深表谢意。

作　者
2023 年 9 月

目录

1 引言

1.1 研究背景

党的二十大报告指出，"必须牢固树立和践行绿水青山就是金山银山的理念，站在人与自然和谐共生的高度谋划发展"。我国提出的"二氧化碳排放力争于2030年前达到峰值，努力争取2060年前实现碳中和"的碳减排目标（简称"双碳"目标）则细化了实现绿色发展、可持续发展以及高质量发展的宏伟蓝图。在中国经济高速增长阶段，经济在"数量"上的快速增加是以生态环境的牺牲为代价的（邵帅等，2016，2019a），粗放式的生产方式不仅消耗了大量的自然资源，还排放了包括二氧化碳、细颗粒物在内的大量的环境污染物，严重损害了经济与环境之间协调、可持续发展的关系，不利于经济在"质量"上的增长。随着中国经济由高速增长阶段向高质量发展阶段的转变，中国政府也对经济发展的质量与模式提出了更高的要求，如何在保持经济正常增长的过程中实现生态环境的改善，成为政策界与学术界越来越关注的话题（宋马林和刘贯春，2021）。

要实现经济向高质量发展的全面转型，需要重点关注资源枯竭型城市的发展。资源型城市蕴含着煤炭等丰富的自然资源，为中国经济的高速增长提供了充足的动力，不仅是重要的能源资源战略保障基地，也是国民经济持续健康发展的重要支撑。然而，在粗放的发展模式下，对资源的大量开采与浪费使得部分资源型城市矿产资源开发进入衰退或枯竭过程，并逐渐演变为资源枯竭型城市。资源枯竭型城市并不能实现经济的健康、可持续发展。一方面，资源型城市丰裕的自然资源使得资源产业异常繁荣，并挤出了具有规模报酬递增以及"边干边学"效应的制造业部门，出现"荷兰病效应"。随着资源的逐渐减少，资源枯竭型城市中单一的产业结构不仅会使产业效益下降，资源产业萎缩，甚至会造成大量的失业，增加社会中的不稳定因素。另一方面，"资源诅咒"也会使得部分资源型城市的经济增长水平更低、经济总量不足，在成为资源枯竭型城市之后，地方政府因财力薄弱等原因，无法支持当地自发实现产业结构的优化升级以及经济的转型发展。更重要的是，资源枯竭型城市粗放的生产模式能源消耗量高、产出效率低、污染严重，与高质量发展的政策目标背道而驰。总而言之，资源枯竭型城市的经济、社会与环境矛盾是粗放式发展所面临问题的集中体现。资源枯竭型城市的转型发展对中国经济实现高质量发展具有非常重要的意义。

政府部门的引导、资助以及政策扶持是资源枯竭型城市实现转型发展或高质量发展的关键。尽管有一些通过政府正确引导从资源枯竭型城市转型成功的代表性案例，如德国的鲁尔矿区从以煤炭和钢铁为主的发展模式转变为以电子信息为龙头产业的新型经济区（Leipprand 和 Flachsland，2018），美国的匹兹堡从以重工业为主的产业结构向轻型和服务型的转型（Yu 等，2016），但更多的资源枯竭型城市因政府引导不力，经济与社会发展陷入停滞，甚至成为空无一人的"鬼城"，如金矿枯竭的博迪镇、铜矿枯竭的肯尼科特等。因此，政府对资源枯竭型城市正确的规划与引导、与产业结构调整相关的产业政策及配套措施的实施、充足的财政支持等是资源枯竭型城市成功实现转型发展的多重决定性因素。

现有文献对资源枯竭型城市扶持政策的政策效果及其对资源枯竭型城市转型发展的推动作用进行了广泛研究。尽管研究的样本、使用的方法、样本所处的时间范围等不尽相同，但相关文献普遍肯定了资源枯竭型城市扶持政策对资源枯竭型城市经济复苏、就业稳定等方面的巨大成效。在经济方面，有关文献通过理论陈述、经验研究、案例研究等方式，一致认为中央对资源枯竭型城市地方政府的财力性转移支付为当地的经济运行注入了新的活力（孙天阳等，2020；Yang等，2021），并且可以通过促进技术进步以及产业结构优化升级，使得资源枯竭型城市的经济增长模式逐渐变得可持续（Li和Wang，2022）。在就业方面，资源枯竭型城市扶持政策促进了企业的资本投资，增加了对国有企业中僵尸企业的政府补贴，从而提升了工业企业在生产过程中的效率，同时缓解了资源枯竭型城市的就业问题（Lu等，2022；Sun和Liao，2021），维持了社会的稳定发展（Luo等，2020；Sun等，2017；Wang等，2019）。部分文献还通过指标构建等方式，将经济增长、就业水平以及生产效率等纳入统一的分析框架，测算了资源枯竭型城市扶持政策对资源枯竭型城市转型效率的影响（庞智强和王必达，2012）。比如，Zhang等（2018）通过对资源枯竭型城市的追踪研究发现，资源枯竭型城市的转型效率会随着制度的完善、转型经验的丰富而显著提高。Yang等（2021）从城市层面展开研究，发现资源枯竭型城市扶持政策是促进资源枯竭型城市转型效率提升最重要的影响因素。Shao和Zhou（2011）通过构建包含经济与社会两个方面的指标体系，评价了资源枯竭型城市扶持政策对资源枯竭型城市转型效率的影响。Li等（2013）将指标体系扩展为经济、社会以及环境三个方面，发现资源枯竭型城市扶持政策能够促进资源枯竭型城市转型效率的提升。

然而，与文献对资源枯竭型城市扶持政策在经济、就业、转型效率等方面的积极贡献达成的一致结论不同，文献对于资源枯竭型城市转型政策影响生态环境保护方面的结论，因研究样本、时间范围的不同而存在差异。能够为资源枯竭型城市扶持政策改善生态环境提供有利证据的文献认为，政府部门所发挥的带头作用不仅能够在拯救资源枯竭型城市的经济方面发挥关键作用，还能够兼顾到地方生态环境的改善（Liu等，

2012）。除此以外，产业政策良好的引导，金融方面的有效支持（Reardon 等，2009），资本补贴、减税以及降费对企业资本投资的鼓励（Sun 和 Liao，2021）等方式，均能够促使资源枯竭型城市实现技术进步、产业向低碳的转型以及向第三产业的升级，不仅能够实现碳减排，还可以减少空气污染物的排放，最终实现经济的绿色、低碳以及高质量发展。部分文献还就资源枯竭型城市扶持政策对生态环境的影响进行了案例分析（胡晓辉和张文忠，2018）。如在对徐州市进行案例分析的过程中发现其在转型过程中优化了能源使用结构（Guo 等，2019）；淮北作为煤炭枯竭型城市，其在经济转型的过程中实现了土地的集约利用以及生态环境的改善（Xiao 等，2011）。

部分文献则对资源枯竭型城市扶持政策在生态环境保护中的积极作用存在质疑。虽然中央政府对地方政府的财力性转移支付能够促进资源枯竭型城市中经济与环境的协调发展，但是部分资源枯竭型城市政府官员存在的短视行为会导致政府失灵（Krueger，1990；Weber 和 Rohracher，2012）。一方面，充足的自然资源使得资源枯竭型城市形成了以煤炭、石油等资源产业为主的产业结构（Li 等，2013），吸收了大量的相关从业人员，并且大多数资源产业都属于国有企业（Wang 和 Liu，2012）。这些企业生产技术水平低，在进行经济产出的过程中不仅需要消耗大量的自然资源，还会伴随着严重的环境污染物的排放。随着资源的枯竭，这些企业的生产陷入停滞，形成"僵尸企业"（邵帅等，2021），同时产生了大量的失业人员。资源枯竭型城市的部分政府官员为了在自己的任期内实现短期的经济增长以及社会稳定，会将更多的中央财力性转移支付用于扶持这些生产效率低的"僵尸企业"。政府对于扶持"僵尸企业"的偏好，不仅直接增加了低效率、粗放式的生产，还挤出了其他企业所获得的关于技术创新的补贴（王永钦等，2018），最终表现为短期内经济增长与就业稳定，但却是以二氧化碳以及空气污染物更加严重的排放为代价的（邵帅等，2021），从长期来看抑制了环境全要素生产率增长。另外，部分政府官员也会将中央政府更多的转移支付资金用于回报周期较短的资源开采和加工行业，而不是用于回报周期较长的科技研发上（Tian 等，2014）。在传统的以经济增长为主要考核指标的晋升体系下，部分地方政府官员甚至会出现"逐底竞争"行为（张军等，2020；赵阳等，2021），即为了地区经济的增长主动降低环境规制的标准，同时引进高污染、高碳排放的企业（Zhang等，2010）。这些行为虽然在短期内实现了地区生产总值的增长，但加剧了产能过剩的情况（徐业坤和马光源，2019），增加了二氧化碳以及空气污染物的排放，破坏生态环境，不利于资源枯竭型城市的转型以及长期可持续发展（Li等，2013）。除上述因素外，有关文献还认为资源枯竭型城市转型过程中存在的政企合谋、贪污腐败、资金管理不善、转移支付分配无效率等情况都会导致碳排放的增加以及生态环境的恶化（Bernini和Pellegrini，2011；郭峰和石庆玲，2017；Li等，2016）。

综合以上的研究可以发现，作为影响资源枯竭型城市转型效率、高质量发展最重要的一项政策，资源枯竭型城市扶持政策在经济、社会层面所发挥的积极作用值得肯定。然而，在"美丽中国"、"高质量发展"以及"双碳"等政策导向下，资源枯竭型城市扶持政策不仅需要满足经济、社会层面的要求，还需要满足环境层面的要求，不能为了满足经济、社会层面的要求而付出环境层面的代价。总而言之，高效率的资源枯竭型城市扶持政策能够在促进经济增长、社会稳定的同时，协同实现生态环境的改善，进而达到高质量发展的目标；而低效率甚至无效率的资源枯竭型城市扶持政策虽然可以促进经济增长，但却是以增加二氧化碳与细颗粒物等空气污染物的排放为代价的，这会使得资源枯竭型城市面临"经济增长"与"生态保护"的尖锐矛盾。因此，如何通过资源枯竭型城市扶持政策的实施，在保障资源枯竭型城市经济发展的同时实现生态环境等方面的协同改善，最终实现经济的高质量发展，是社会各界所共同关注的问题。

现有文献普遍通过环境全要素生产率增长这一指标来表征经济的高质量发展。有关文献认为，经济的持续增长依赖全要素生产率的增长（程名望等，2019），而随着经济发展过程中资源的短缺以及环境污染的加剧，包含环境副产品（如环境污染物排放和碳排放）这一非期望产出的环境全要素生产率增长的测度与研究成为了中国经济实现高质量发展所必须关注的问题（王兵等，2010）。一方面，环境全要素生产率增长包含了传统的投入变量与期望产出变量（Lee和Choi，2018；涂正革，2008；王兵等，2013；Yao等，2015），能够反映出经济活动的生产效率（李小平和李小克，2018）；另一方面，环境全要素生产率增长也将经济活动中环境污染物的排放作为非期望产出引入测算框架（陈诗一，2010），从而能够反映经济与环境之间的协调程度（Fan等，2015）。正因如此，多数文献将环境全要素生产率增长作为经济高质量发展的表征。在针对环境全要素生产率增长影响因素的研究中，产业结构转型升级与生产技术的进步能够促进环境全要素生产率增长（Kumar，2006），而资源产业依赖、资本深化程度、环境规制、外商投资及所有制结构等因素对环境全要素生产率的促进或抑制作用取决于其所处的环境（陈诗一，2010；Chen和Golley，2014；Li和Lin，2016；Li等，2017；Oh，2010；邵帅等，2013a）。

　　基于以上的研究背景，本书专门关注了资源枯竭型城市扶持政策对环境全要素生产率增长的影响效应及其作用机制，从文献回顾、现状分析、理论分析以及实证分析四个方面入手，就资源枯竭型城市扶持政策对环境全要素生产率增长的影响及作用机制进行了系统探讨，以期对以下悬而未决的问题进行解答：资源枯竭型城市扶持政策究竟能否促进环境全要素生产率的增长？资源枯竭型城市影响环境全要素生产率增长的作用机制有哪些？如何通过资源枯竭型城市扶持政策及其相关政策，更加高效地促进环境全要素生产率增长？本书预期通过对以上问题的研究、探讨与解答，一方面对中国资源枯竭型城市扶持政策的效率进行评估，并为相关政策制定者更好地应对潜在的资源枯竭、能源危机等问题提供政策建议；另一方面为中国经济转型发展提供了一个研究视角，并为中国"双碳"目标以及经济高质量发展等新时代发展目标的顺利实现奠定了研究基础。

1.2　研究意义

　　资源枯竭型城市产业结构单一、技术创新能力弱，并且经济增长的过程伴随着严重的二氧化碳以及空气污染物的排放，其转型发展是中国经济实现"双碳"目标以及经济高质量发展所需要重点关注的问题。资源枯竭型城市扶持政策作为推动资源枯竭型城市转型发展、高质量发展的重要手段，其政策效果直接影响了中国经济高质量发展的进程。因此，探究资源枯竭型城市扶持政策对环境全要素生产率增长的影响效应及作用机制，可为政策制定者更好地推动资源枯竭型城市的发展提供决策依据，也可为中国经济高质量发展以及"双碳"目标的达成提供现实指导。总而言之，本书对资源枯竭型城市乃至中国经济的全面转型、高质量发展具有理论与现实意义。

1.2.1 理论意义

首先，现有文献在对资源枯竭型城市扶持政策的研究过程中，更多是针对某一特定的实施了资源枯竭型城市扶持政策的城市进行案例分析，或借助不同的指标体系构建与评价方法，从宏观的角度研究资源枯竭型城市扶持政策对资源枯竭型城市转型的总体效果，对资源枯竭型城市扶持政策的理论分析仅仅局限于对相关政策的文字表述，或根据传统经济理论对政策实施效果进行推断。本书通过对资源枯竭型城市经济运行系统的简化，构建了能够反映其产业结构、污染情况、技术进步以及环境规制等基本情况的理论模型，并通过对模型的演绎、比较静态分析以及数理推导，从理论层面分析了资源枯竭型城市扶持政策对资源枯竭型城市中环境全要素生产率增长的影响效应及作用机制。通过理论模型的构建与推导，对资源枯竭型城市扶持政策的相关研究体系进行了理论层面的拓展与补充。

其次，现有文献更多关注资源枯竭型城市扶持政策在促进资源枯竭型城市经济增长、维护社会稳定等方面的作用，对生态环境方面的关注不足。一方面，本书将二氧化碳以及环境污染物的排放纳入传统全要素生产率分析的框架中，对中国经济与环境的协调发展进行了更加精准的测度，并对中国经济的高质量发展进行了测算方法上的拓展与补充；另一方面，本书以资源枯竭型城市转型为研究对象，为中国经济实现全面转型与高质量发展提供了一个全新的研究视角。

1.2.2　现实意义

首先，资源型城市由繁荣到枯竭的情况不可避免。政府能否通过资源枯竭型城市扶持政策使得资源枯竭型城市的经济发展由高能耗、低技术、重污染、不可持续的模式转变为绿色、可持续发展的模式，并最终实现地区经济的高质量发展，对资源枯竭型城市乃至中国经济的转型发展至关重要。中国资源枯竭型城市扶持政策为本书提供了理想的研究条件，使得从市级层面考察资源枯竭型扶持政策对环境全要素生产率的影响成为可能。本书通过对资源枯竭型城市扶持政策的考察，剖析了其对环境全要素生产率增长的影响，从而为资源枯竭型城市在"双碳"目标以及高质量发展背景下实现经济转型、高质量发展提供政策借鉴。

其次，理解资源枯竭型城市扶持政策影响环境全要素生产率增长的传导机制可以为政府更好地引导资源枯竭型城市转型提供现实指导。资源枯竭型城市扶持政策的实施，能帮助资源枯竭型城市完成产业结构转型以及经济增长模式的转变，即由原来的产业结构单一、生产技术落后、环境污染严重、经济发展不可持续的粗放式发展模式转变为绿色、协调、可持续以及高质量的发展模式。本书对资源枯竭型城市扶持政策影响环境全要素生产率增长传导机制的研究，可以帮助政府相关部门理清扶持的思路与重点，帮助资源枯竭型城市进行转型发展，并为资源枯竭型城市经济增长模式转变提供政策依据。

1.3　文献综述

1.3.1　资源枯竭型城市及其扶持政策相关研究

（1）资源型城市

资源型城市主要以自身的资源禀赋为经济发展的主要动力，并且处于资源枯竭型城市的前一个发展阶段（Li和Wang，2022）。与资源型城市相关的研究主要集中于资源诅咒假说（Ploeg，2011）、经济增长（Zhang等，2018）、劳动与就业（Li等，2013）、可持续发展（Wan等，

2015）以及健康（Li等，2013）等方面。

研究资源型城市的相关文献主要集中于对资源型城市的效率进行指标体系的构建以及测算。Li和Dewan（2017）采用超越至前沿最远距离（slack based measure，SBM）效率测算模型对中国116个资源型城市的效率值进行了测算，发现大部分资源型城市的全要素能源效率是低下的，并且工业化水平、服务业对经济增长的贡献以及城市建成区规模是能够对资源型城市的效率水平产生正向影响的主要因素。Yan等（2019）采用非参数方法对中国105个资源型城市的全要素能源效率进行了估算，并分析了其变化的时空特征。研究发现，效率较低的资源型城市比效率高的资源型城市受政府干预的影响更加敏感，城市开放度对全要素能源效率具有负向影响。Lu等（2016）运用TOPSIS方法，通过搜集包括经济、社会与环境等的22个指标，发现东北地区经济子系统呈现出上升的趋势，但由于环境子系统呈现出下降的趋势，最终导致东北地区可持续发展能力总体呈现出下降的趋势。Zhang等（2014）同样从环境、社会与经济三个方面对资源型城市的可持续发展指数与协调指数进行了测度。Yu等（2015）对承德市的资源生产率以及综合利用效率进行了测算，发现与国内其他资源型城市相比，承德的资源利用效率较低，说明采矿业和制造业都需要加强。Tan等（2017）通过指标体系的构建与计算，分析了东北地区具有不同资源禀赋的资源型城市的经济弹性，发现以金属和石油为基础的城市比以煤炭为基础的城市具有更大的弹性。实施东北振兴战略以来，资源型城市在持续性、适应性、转型和弹性等方面的差异逐渐缩小。以林业为基础的城市在恢复力方面改善最多，其次是以金属为基础的多资源城市。然而，以煤炭为基础的城市的弹性有所下降，以石油为基础的城市下降幅度最大。Yang等（2018）针对白银市进行研究并构建了环境绩效指标，发现白银市对矿产和能源资源的严重依赖造成固体废物和大气污染物的排放，严重削弱了当地产业的竞争力。Tai等（2020）以2015年全国1 000万吨以上煤炭生产城市为例，构建了煤炭城市脆弱性评价指标体系，并进一步分析了不同地区子系统存在的短板效应。研究发现，工业烟尘排放、海拔高度、含煤面积比例是导致自然脆弱性的主要原因；城镇就业人员的失业率和矿业工人作为第二产业劳动力的比例是造成社会脆弱性的主要原因。Xiao等（2011）从生态城市建设的角度出发，以淮北市为例，研究了国家资源枯竭型城市矿区沉陷的演化规律与分布规律，并对土地的集约利用以及生态重建等转型方式提供了战略建议。

Li等（2013）通过总结发现，中国资源型城市的经济特点主要表现出以下四个特征：第一，人均经济增长水平低。除石油城市外，资源型城市的地区生产总值均低于其他城市。第二，产业结构不均衡。资源型城市的第二产业产值占地区生产总值的比重明显高于其他城市，但是第三产业发展不足。这种扭曲的产业结构会导致异常的就业结构，当资源枯竭的情况发生时，会出现较高的失业率。第三，地方政府收入较低。由于分税制改革，中央政府分担了75%的增值税以及60%的所得税，使得中央政府获得了资源型城市较大部分的收益。第四，资源型城市存在严重的生态与环境被破坏的情况。一方面，山东、陕西、河南等煤炭资源丰富的地区由于过度采矿会出现地面下沉灾害；另一方面，采矿过程中的固体、液体以及气体污染物排放也严重污染了当地的生态环境。

总而言之，资源型城市不仅存在煤炭等自然资源枯竭的问题，还存在经济结构的单一与不平衡、增长潜力的缺乏、替代产业薄弱、失业率高以及生态环境被严重破坏等问题。中国资源型城市从外部获得的收益要明显小于其给外部带来的收益，低廉的资源定价和不计生态成本的掠夺式开发是其走向衰弱的重要诱因之一（王树义和郭少青，2012）。背后的原因主要有以下几个方面：第一，中国从1980年开始把重工业作为重点发展行业，资源型城市的主要任务就是将生产能源和原材料以较低的价格来支持国家的工业化发展，价格的扭曲导致利润的大量流失，从而出现人均经济水平低、经济结构失衡、增长潜力不足以及替代产业薄弱等现象。第二，矿区与城市的结合，使得资源型城市严重依赖自然资源，从而使得产业结构相对失衡，而大型国有企业的建立进一步加强了资源型产业的主导作用。第三，分税制改革使得资源型城市通过消耗能源所获得的大部分收益归中央政府所有，资源枯竭型城市政府部门并没有充足的财力提供基础设施建设。第四，资源的过度开采也导致了严重的安全问题以及环境污染问题，如小规模煤矿的地面沉降灾害以及环境污染问题。

（2）资源诅咒

20世纪70年代之前，文献均认为丰富的自然资源能够为经济增长提供充足的动力，是发展中国家进入发达国家行列不可或缺的因素。然而，随着荷兰的农业、制造业被天然气业严重挤出，"资源诅咒""荷兰病"等资源不一定会促进经济快速增长的理论假说逐渐成为了研究的主流（Corden，1984；Corden 和 Neary，1982；Sachs 和 Warner，1999）。总的来说，资源诅咒的形成主要来源于以下几个方面：第一，推拉效应。在资源型地区中，一方面，非资源型产业生产商品相对价格的上涨，会导致其在国际中的竞争力下降，从而对非资源型产业乃至整个国家的经济形成抑制作用，最后政府部门不得不通过资源型产业维持经济的正常增长；另一方面，丰富的自然资源会促进资源型地区与资源相关的产业的繁荣，这会吸引更多的劳动力、资本以及原材料等投入到资源型产业当中，进而使资源型产业变得更加繁荣，而这也挤出了非资源产业部门（Iimi，2007）。第二，价格波动效应。与自然资源及其相关商品的价格的波动，使得资源型地区政府部门无法准确预期经济发展的趋势，进而无法对地区的经济增长、财政收支以及经济冲击进行长期规划（Davis 和 Tilton，2005）。另外，由于规划不足，商品价格暴跌可能导致资源型城市政府无力支持地区经济运行，进而导致经济的快速衰退（Ploeg，2011）。第三，政府短视效应。丰富的自然资源能够促使资源型城市在短期内实现经济的快速增长，这也会使得地方政府将更多的生产资源与政治资源向资源型产业偏移，从而忽视了对技术创新、人才培养等回报周期较长但能够长期促进地区经济增长的因素的激励作用（Gylfason 等，1999；Iimi，2007）。当然，政府部门的寻租（Bodea 等，2016）、贪污（Bhattacharyya 和 Hodler，2010）与地区制度的执行程度（Sarmidi 等，2014）也与资源诅咒有着密切的关系。

丰裕的自然资源可能对城市的发展带来一些负面的影响，比如经济增长缓慢（James 和 Aadland，2011）、减少社会福利与经济红利（Tonts 等，2012）、形成荷兰病（Takatsuka 等，2015）以及降低自然资源的利用效率（Yu 等，2015）。Sachs 和 Warner（1999）对1970年至1989年的自然资源经济进行了大的截面抽样，发现自然资源依赖与经济增长负相关。在其具有影响力的研究之后，随后的大量研究受到启发，研究了自然资源依赖与经济增长之间的直接和间接关系。Gylfason（2001）和Mehlum 等（2006）认为，自 1970 年以来，将经济建立在自然资源基础上的国家往往是发展失败的例子。在对中国资源诅咒的研究中，Zeng 等（2019）以 55 个煤炭城市作为样本，构建了煤炭城市可持续发展指标体系，发现大多数成熟的煤炭城市出现资源诅咒的迹象，而衰落的煤炭城市呈现出两种明显不同的发展模式：资源诅咒模式和资源祝福模式。我国东北地区煤城可持续性较好，北方煤城环境质量尤其是空气质量较差；西北地区煤城经济增长较快但经济条件欠发达，脆弱的环境承载能力被忽视。另外，李江龙和徐斌（2018）、邵帅和杨莉莉（2010）、魏国学等（2010）、徐康宁和王剑（2006）对中国不同时间范围、样本进行了研究，均得到了中国的资源型城市存在资源诅咒的结论。

（3）资源枯竭型城市的转型

资源型城市的发展在很大程度上取决于当地的自然资源储备，其经济发展的模式也要受到资源数量的限制。随着自然资源的逐渐枯竭，资源型城市逐渐演变为资源枯竭型城市，经济增长也进入衰退甚至停滞阶段。由于资源枯竭型城市中的产业结构单一、生产技术落后、经济总量不足，正常的经济社会运行难以为继，亟需实现生产模式以及经济增长模式的转型发展。国际上实现成功转型的资源枯竭型城市有匹茨堡和鲁尔等（李晟晖，2003），对这些城市进行对比分析后可以发现，资源枯竭型城市转型的成功离不开以下几个方面的协助：首先，在资源枯竭型城市的转型过程中，地方政府通常设立专门的部门进行宏观规划与引导，并使用中央的专项资金进行项目的批准以及财务上的援助。其次，中央政府的财政支持。为了能够及时向资源枯竭型城市转型提供持续的资金支持，欧盟、日本、法国以及德国等均为当地的资源枯竭型城市设立了专项资金。再次，人才的培养也是企业实现创新以及资源枯竭型城市转型成功的关键因素之一（孙鲲鹏等，2021）。资源枯竭型城市的劳动力大多属于低技能劳动力，并且大部分从事与自然资源开采、加工以及使用等相关的资源型产业。随着自然资源的枯竭，资源型产业的衰退会产生大量的失业人员，若不进行合理的安置则会对社会的稳定产生不利影响。法国以及德国等有着高度发达的就业服务，可以提供劳动力市场信息和公共职业与失业培训，大多数培训费用都由当地政府部门承担。此外，当地政府也会根据提供职位的数量，为从资源型行业雇用失业人员的企业提供特殊津贴。最后，健全的法律法规也是提升资源型城市转型的有效途径。日本与法国等通过引入严格而具体的法律法规来惩治非法使用资金的人，并通过详细的法律规范了财政援助资金的来源、用途以及职业培训和再就业等经济援助。

文献对资源枯竭型城市转型问题的研究，主要集中在对资源枯竭型城市转型绩效的探讨与比较方面。Chen 等（2018）认为资源枯竭型城市经济的转型与升级是技术进步和制度变迁导致的跨越式发展，通过对山西省资源枯竭型城市的经济社会运行效率及其与生态环境之间的协调关系的指标体系构建与测算后，可以发现这些资源枯竭型城市在社会发展水平以及环境改善方面都成功实现了转型，但是在经济增长层面并没有得到实质性改善。Kuai 等（2015）以典型的资源枯竭型城市临汾市为例，评估了当地的产业规模、产业结构以及产业效率。相关文献指出，资源枯竭型城市的转型策略需要结合当地的实际情况因地制宜实施，如对于产能过剩的资源枯竭型城市，首先要对城市内的产业规模进行调控，随后才是结构调整和技术进步。Suocheng 等（2007）通过研究认为，生产技术效率水平较低的资源枯竭型城市要想实现城市经济的成功转型以及高质量发展，必须从经济、社会的各个方面进行战略创新，包括发展目标的创新、社会福利均等化、产业结构多元化以及科技战略创新等。Li 等（2016）以焦作市为例，使用数据包络分析方法对焦作市转型后的发展效率进行评价，为焦作市的可持续发展提供政策启示。Tan 等（2016）发现资本投入、道路密度和区位优势对资源枯竭型城市转型绩效的影响最大，其次是城市规模、剩余资源和可持续发展水平，扶持政策和劳动力投入的影响最小。Guo 等（2016）探讨了促进以煤炭为主的资源枯竭型城市向可持续发展转型的因素及机制，他们将影响以煤炭为主的资源枯竭型城市经济转型的因素分为创新政策、创新投入、创新能力和创新组织4类。通过研究发现，这4类因素对以煤炭为主的资源枯竭型城市经济增长模式的转型均具有重要影响。Yu 等（2015）通过对仙桃市的资源环境进行指标的构建与评价，评估了资源枯竭型城市的可持续发展能力，并以此来表征资源枯竭型城市的转型能力。白雪洁等（2014）、李虹和邹庆（2018）进一步对比分析了资源枯竭型城市与非资源枯竭型城市中环境规制与资源禀赋对产业转型的不同影响。徐君等（2014）从生态文明建设的角度出发，从理论上设计了资源枯竭型城市低碳转型战略的框架，进行了实施路径的具体设计。孙天阳等（2020）利用双重差分法检验了资源枯竭型城市扶持政策对人均地区生产总值、就业与产业升级的影响，认为资源枯竭型城市扶持政策对城市的转型升级具有重要意义，是推动经济高质量发展以及提升民生保障的重要举措。张艳等（2022）检验了针对资源（枯竭）型城市可持续发展的相关政策对二氧化碳排放的影响，发现资源枯竭型城市向可持续发展的转型是打破"碳锁定"的重要途径。

还有部分文献研究了影响资源枯竭型城市转型的因素以及作用机制。Sun 和 Liao（2021）针对中国政府在 2008 年宣布的第一批资源枯竭型城市进行了研究，发现由于资源枯竭型城市扶持政策提供了资本补贴、税收减免、费用减免等优惠措施，促进了当地工业企业的研发投入（林志帆和刘诗源，2022；叶祥松和刘敬，2018）、人力资本升级以及生产技术的进步（刘啟仁和赵灿，2020），同时加快了产业结构的转型升级。除此以外，2008 年的资源枯竭型城市扶持政策还改善了当地政府部门公共财政的结构配置，促进了当地基础设施的建设，创造了就业机会并增加了家庭收入。更重要的是，资源枯竭型城市扶持政策促进了第一批资源枯竭型城市中产业链向下游的延伸以及更高工业附加值的生产活动，进而带动了产业结构的转型升级。Bernini 和 Pellegrini（2011）研究了资源枯竭型城市扶持政策中，中央政府财力性转移支付对资源枯竭型城市资本积累的影响，发现获得补贴的企业在经济产出、就业和固定资产方面的增长更快，但在全要素生产率方面的增长比没有获得补贴的企业要慢。Zhang 等（2018）通过研究发现，资源枯竭型城市在转型过程中面临着严重的环境污染以及产业结构调整等问题，如经济增长率显著低于其他城市的平均增长率，森林覆盖率、废物综合利用率等也明显低于全国平均水平。他还发现，由于中国城市数量多，人口密度大，因此资源枯竭型城市的转型更加困难。Chen 等（2015）研究了东北地区资源枯竭型城市土地污染情况，分析了产业转型以及可持续发展过程中所面临的挑战，并提出了出台适宜的环境管理政策以降低工业城市转型过程中的环境风险。

（4）政府干预对产业结构和技术进步的影响

以资源枯竭型城市扶持政策等为代表的政府干预可以有效实现技术进步和节能减排，兼顾经济发展与生态环境保护等目标，最终推动经济的发展模式向绿色、可持续以及高质量转变。一方面，政府干预包含了约束性政策工具，如政府部门对污染企业实行更为严格的环境规制政策等。这种约束性政策将企业生产过程中对环境的污染这种外部成本转换为企业内部的生产成本，增加了污染企业生产过程中的成本负担，从而迫使污染企业通过生产技术进步（李青原和肖泽华，2020）、使用更清洁的生产能源或向污染更少的生产方向转型等实现污染物排放的减少以及生产效率的提高，最终实现了地区内生产水平的整体提高以及环境全要素生产率的持续增长（张华和魏晓平，2014）。另一方面，政府干预过程中也包含了对鼓励性政策工具的使用、对于创新型企业或高技术企业的税收减免、对正在进行研发投入的企业给予创新补贴等方式，从而吸引更多的工业企业加入到研发投入、技术创新的过程中（杨国超和芮萌，2020）。鼓励性政策工具的使用同样能够促进污染型企业加大研发投入，最终能够促进污染型企业的技术进步，提高清洁生产水平以及生产技术（范庆泉，2018）。基于政府五年规划中对能源强度目标的设置，胡鞍钢等（2010）发现政府的指导性目标能够对工业排放起到约束作用。文献还发现政府对企业的研发补贴能够刺激清洁技术的采用和工业产值的提高（安同良和千慧雄，2021），有助于绿色、可持续以及高质量的经济发展模式形成。另外，政府干预在协调经济发展与环境质量改善的过程中，可能会破坏市场机制，造成环境恶化（韩超等，2016；江飞涛等，2012）。由于政府监管能力的缺失，环境管制强度的提高可能倒逼那些污染性企业从事污染环境的隐性活动（余长林和高宏建，2015）。何小钢和张耀辉（2012）认为，从长期来讲，规制政策的效力降低会导致碳排放与经济增长再次出现同向变化，使政策干预失去效力。余壮雄等（2020）考察了中央与地方产业规划的碳排放倾向对地区碳排放的影响，发现中央产业规划着眼于经济发展的长期目标，倾向于发展低碳排放行业，而地方政府更关注短期经济增长，偏向发展高产值的高碳排放行业。宋弘等（2019）探讨了政府空气污染治理措施中"低碳城市"建设的影响，发现低碳城市建设显著降低了城市空气污染，其主要传导机制来自企业排污的减少与工业产业结构的升级与创新。这意味着低碳城市建设本身有助于实现污染防治与经济高质量发展的"双赢"目标。徐佳和崔静波（2020）进一步检验了低碳城市碳减排过程中企业绿色技术创新的机制作用，发现命令控制型政策工具是试点政策发挥作用的主要路径，其能够有效促进高碳行业中国有企业和非国有企业的绿色技术创新，从而最终实现二氧化碳排放的减少以及环境全要素生产率的增长。

1.3.2 环境全要素生产率增长相关研究

（1）环境全要素生产率增长的测算

早期的研究更多关注于全要素生产率增长的测算，即通过分析投入与产出之间的关系来衡量经济生产中的生产效率。然而，随着二氧化碳、空气污染物等的大量排放以及自然资源的过度消耗，资源短缺以及环境污染等对经济发展所形成的约束越来越成为经济发展过程中需要重点考虑的因素。由于传统的效率测算方式并无法衡量二氧化碳以及环境污染物等排放的影响，因而无法对资源环境约束加强情况下经济的生产效率进行准确衡量（王兵等，2010）。

为了将二氧化碳排放等环境副产品作为非期望产出纳入环境全要素生产率增长的研究框架，以更加全面、准确地对环境全要素生产率增长进行衡量，大量文献对传统距离函数中的曼奎斯特生产率指数进行了创新。其中，由于方向性距离函数（Chung等，1997）能够使得期望产出与非期望产出沿着既定的方向实现同比例变动，从而使得模型能够测算出特定的投入与产出组合在前沿面的投影距离并进一步计算生产单元的效率值，这种方法被大量文献应用于效率的测算当中（陈诗一，2010;

Chen 和 Golley，2014；Fan 等，2015；Kumar，2006；王兵，2008）。王兵等（2008）通过构造"序列前沿"的技术前沿面，使用带有角度和径向的方向性距离函数进行测算。王兵等（2010）将序列曼奎斯特-卢恩伯格指数中的带有角度和径向的方向性距离函数修改为非角度和非径向的方向性距离函数，并得到了卢恩伯格指标。王兵和刘光天（2015）进一步对卢恩伯格指标进行修正，在非角度、非径向的方向性距离函数的基础上，将序列前沿面修正为两期前沿面，并最终得到了两期曼奎斯特-卢恩伯格指标。Oh（2010）则在带有角度和径向的方向性距离函数的基础上，将技术前沿面扩展为全域前沿面；Oh 和 Heshmati（2010）在带有角度和径向的方向性距离函数的基础上，将技术前沿面扩展为共同前沿面。其余文献也通常将非角度、非径向方向距离函数与全域前沿或者共同前沿相搭配，对不同生产单元在不同时期的环境全要素生产率增长进行了测算（刘瑞翔和安同良，2012；Yang 等，2017）。截至目前，至前沿最远距离函数、至强有效前沿最近距离函数、方向性距离函数、至弱有效前沿最近距离函数、混合距离函数以及成本函数等距离函数成为了效率测算过程中常用的方法。数据包络分析法（data envelopment analysis，DEA）中常用的技术前沿面设定方法主要有相邻参比曼奎斯特指数（adjacent malmquist）、固定参比曼奎斯特指数（fixed malmquist）、全局参比曼奎斯特指数（global malmquist）、序列参比曼奎斯特指数（sequential malmquist）、窗口参比曼奎斯特指数（window malmquist）等。值得说明的是，Pastor 和 Lovell（2005）提出的全局技术的环境全要素生产率增长测算方式得到了较为广泛的应用。Afsharian 和 Ahn（2015）针对全局技术中可能出现的生产可行域虚增导致的生产单元效率测算偏误问题，将全局技术修正为总体技术，解决了因生产可行域虚增而导致的效率测算偏误问题。邵帅等（2022）将总体技术前沿面的设定与非角度、非径向的方向性距离函数相结合，修正了模型在测算环境全要素生产率增长过程中向上或向下的偏误，得到了更为精确的环境全要素生产率增长测算方法。

环境全要素生产率增长的测算主要包含投入要素、期望产出要素以及非期望产出要素。文献对于投入要素的选择较为确定，通常包含资本投入、劳动力投入以及能源投入三个方面。其中，资本投入通常用资本存量、固定资产净值等变量来衡量（邵帅等，2022）；劳动力投入主要用各个产业部门中的从业人员数量来表征；能源投入根据研究对象决定，如在研究造纸工业的环境全要素生产率增长的过程中，能源投入通常选择木质纤维的投入量等（Chung等，1997）。在研究省级或者市级宏观经济生产过程中的效率时，通常采用煤炭等的能源消耗量进行表示（涂正革等，2008）。与能源投入的选择类似，文献对于环境全要素生产率增长测算过程中期望产出因素的选择，常常根据研究对象而定。部分针对微观企业样本进行研究的文献，通常会根据企业的实物产出来设定期望产出。如对于瑞典造纸业的研究，文献通常会选取造纸量的多少表征期望产出（Chung等，1997）；对于火力发电厂的研究则常常选取发电量作为期望产出（Zhang和Choi，2014）；对于工业部门的研究则会选取工业增加值作为期望产出来计算工业层面的生产效率（涂正革，2008；王兵等，2013）。除此以外，绝大多数针对宏观层面的经济研究通常会选取地区生产总值或者实际地区生产总值作为构成环境全要素生产率增长的期望产出（Kumar，2006；Lee和Choi，2018；邵帅等，2022；王兵等，2008；王兵等，2010）。

文献对于环境全要素生产率增长测算过程中非期望产出的选择并不统一，如早期的文献在涉及水污染时，主要选取化学需氧量、生物需氧量以及水中的悬浮体含量作为非期望产出（Chung等，1997）；在涉及空气污染时，主要选取工业烟粉尘排放量、工业二氧化硫排放量等传统的环境污染物等作为非期望产出（涂正革，2008；王兵等，2010）。随着环境污染程度的加剧，雾霾污染（主要是细颗粒物）逐渐成为测算环境全要素生产率增长过程中必要的非期望产出（邵帅和李兴，2022）。随着巴黎协定对于1.5摄氏度的控温目标的设定，文献在测度环境全要素生产率增长的过程中，逐渐将二氧化碳排放或者浓度作为重要的非期望产出。Kumar（2006）在测算41个国家的环境全要素生产率增长时将二氧化碳排放量作为非期望产出；Oh和Heshmati（2010）同样将二氧化碳排放量作为测算46个国家环境全要素生产率增长过程中重要的非期望产出。由于二氧化碳排放量或浓度数据的缺失，早期针对中国环境全要素生产率增长的测算并没有将二氧化碳作为非期望产出。随着中国经济的转型发展、"双碳"目标的提出以及二氧化碳数据的逐渐普及，邵帅和李兴（2022）、王兵等（2010）、Yao等（2015）、Zhang和Choi（2014）逐渐将二氧化碳作为环境全要素生产率增长测算过程中重要的非期望产出之一。

（2）环境全要素生产率增长主要构成要素的关系

随着中国经济向高质量发展的转型以及"双碳"目标的设定（李兴等，2022），二氧化碳的排放越来越成为环境全要素生产率增长计算过程中重要的影响因素。

二氧化碳排放和经济增长之间的关系均能够对经济和环境政策产生重要影响（Coondoo和Dinda，2002）。Azam（2016）研究了1990年至2011年二氧化碳排放导致的环境恶化与经济增长之间的关系，发现环境质量的下降能够抵消经济增长过程中所产生的红利，从而对经济社会的发展以及运行造成负面影响。Friedl和Getzner（2003）、Zhang和Da（2015）分别对奥地利、中国等不同国家的样本进行了研究，证明了无论是发达国家还是发展中国家，作为非期望产出的二氧化碳排放与作为期望产出的经济增长之间都有着非常密切的关系，并且在处于工业化程度较高的发展中国家中更加明显。Saboori等（2012）、Saboori等（2014）研究了1980年至2009年二氧化碳排放与经济增长之间的长期与短期关系。研究发现，二氧化碳排放量与经济增长之间存在长期的关系。同传统的短期关系一样，从长期的时间来看，二氧化碳排放量与经济增长之间存在着非常明显的二次型关系。另外，通过将自然资源的消耗加入二氧化碳排放与经济增长之间关系的分析框架中可以发现，自然资源的大量消耗是经济快速增长的动力，也是二氧化碳排放的主要来源，资源的消耗不仅与经济增长之间存在正相关关系，也与二氧化碳排放存在正相关关系。Fujii和Managi（2013）分析了不同行业二氧化碳排放与经济增长的关系，研究结果表明，二氧化碳排放与造纸、木材、建筑等行业均呈倒U形关系。Zhao等（2016）探讨了工业增长与二氧化碳排放之间的关系，研究结果表明，投资规模是促使碳排放增加的重要指标，投资效率、投资份额和能源结构对减少二氧化碳排放的作用最为显著。

Halicioglu（2008）利用时间序列分析了1960年至2005年土耳其的碳排放、能源使用和收入之间的动态因果关系，发现从长期来看，二氧化碳排放相对于收入的弹性大于1，表明收入增加1%。Soytas等（2007）研究了1960年至2004年美国二氧化碳排放、能源使用、固定资本总额、经济增长和劳动力等变量之间的联系，研究的结果表明，从长期来看，经济增长不是二氧化碳排放的格兰杰原因，能源使用是二氧化碳排放和经济增长的主要原因。同样，Ghali和El-Sakka（2004）通过研究发现，能源使用和产出增长之间存在双向因果关系。Ang（2007）探讨了1960年至2000年法国的污染物排放、能源利用和产出之间的动态因果关系，发现经济增长影响了能源消耗的增长，导致污染增加。也就是说，能源使用越多，二氧化碳排放就越多，而二氧化碳排放与产出在长期存在二次关系。此外，研究还发现短期内能源使用与经济增长之间存在单向因果关系。Tsani（2010）将能源消耗变量分为聚合水平和分解水平，分析了1960年至2006年希腊的经济增长和能源使用之间的因果关系。Jayanthakumaran等（2012）运用协整边界检验方法和ARDL方法，对1971年至2007年中国的二氧化碳排放、能源消费、贸易和收入方面进行了比较分析，并为中国的环境库茨涅兹曲线提供了证据。结论显示，对中国来说人均收入增加1%会使二氧化碳排放量增加1.62%。另外，短期内贸易与二氧化碳排放之间存在负相关关系，贸易开放度每增加1%，二氧化碳排放量就会减少0.08%。Sharma（2011）利用动态面板数据，研究了1985年至2005年69个国家二氧化碳排放的决定因素。他把这些国家划分为高、中、低收入国家。研究发现，经济增长和城市化是全球所有城市二氧化碳排放的两个主要决定因素；贸易开放程度、人均一次能源消费总量和人均电力消费对二氧化碳排放的影响均不显著；人均国内生产总值对二氧化碳排放有显著的积极影响。徐斌等（2019）运用非参数可加回归模型深入探究清洁能源发展对区域经济增长和二氧化碳排放的线性和非线性影响，发现在不同发展阶段，清洁能源发展对东、中、西三大区域二氧化碳排放和经济增长的影响差异明显。他们建议中央和各地方政府根据清洁能源在不同发展阶段发挥的不同作用，因时施策，以充分发挥清洁能源发展在二氧化碳减排和经济增长中的促进作用。

针对能源强度的研究中，Fan等（2006）采用制造业产出占地区生产总值的比重和服务业产出占地区生产总值的百分比来评估能源强度。通过研究发现，一个国家的能源强度越低，其经济活动的效率就越高，二氧化碳排放量也就越少。Bruyn等（1998）对环境库茨涅兹曲线的通用多项式使用了一种不同的方法。他们构建了一个包含技术和结构变化、能源强度以及经济增长水平的动态模型，并用1960年至1993年的年度数据对四个国家的三种碳排放进行了测试。他们的模型估计结果发现，除二氧化硫排放外，经济增长对其他所有污染物的排放都有直接的正向影响，技术进步和结构变化对污染物排放都有负面影响。林伯强和李江龙（2014）使用动态递归方程研究中国清洁能源发展情况，指出长期来看发展清洁能源可以促进经济结构升级，实现经济可持续增长。张晓娣和刘学悦（2015）利用构建出的动态OLG-CGE模型研究发现，在短期内发展清洁能源将抬高能源价格，从而抑制投资、消费和经济增长；长期来看，清洁能源发展可以推动节能减排技术进步和资本投入，从而带动经济增长。

（3）环境全要素生产率增长的影响因素

自Färe等（2001）以来，相关文献借助多种方法，使用不同的样本数据，研究了各种因素对于环境全要素生产率增长的影响。通过对相关文献的总结与归纳发现，大量文献研究了技术进步、环境规制以及经济因素等对环境全要素生产率增长的影响。

在将技术作为影响环境全要素生产率增长因素的研究中，文献普遍认为技术进步是环境全要素生产率增长的主要动力。Wang等（2022）以上海自贸区为研究对象，通过断点回归的方法，研究发现上海自贸区及其周边地区环境全要素生产率增长主要来源于生产技术的进步。Song等（2022）进一步研究了绿色技术进步对环境全要素生产率增长的促进作用，研究发现绿色技术进步能够通过提高一定时间范围内的单位劳动生产率促进环境全要素生产率增长。Chen等（2022）通过对环境全要素生产率增长的影响效应进行区域异质性分析后发现，在促进环境全要素生产率增长的影响因素中，技术进步的作用在全国层面以及东部地区更加显著，而技术效率在中部地区以及西部地区能够对环境全要素生产率增长发挥较大的推动作用。除了技术进步外，Qiu 等（2022）还将"一带一路"合作伙伴作为样本，研究了创新投资对环境全要素生产率增长的影响。研究发现，与技术进步相同，创新投资对环境全要素生产率增长同样具有显著的促进作用，并且这种促进作用会随着社会经济等方面制度的完善而逐渐提高。部分文献还认为，技术效率在环境全要素生产率增长过程中所起到的积极作用被严重低估，技术效率与技术进步对环境全要素生产率增长的影响同样重要（Zhang 等，2022）。赵娜等（2021）通过研究发现，样本期间中国环境全要素生产率增长主要受到技术效率的拉动，而技术进步并没有在环境全要素生产率增长改善的过程中发挥积极的作用。文献通过进一步研究发现，技术进步或绿色技术进步在推动环境全要素生产率增长的过程中还会受到环境规制因素的影响。Song 等（2022）发现政府对工业生产部门环境规制力度的加强会强化绿色技术进步对环境全要素生产率增长的积极影响。Li 等（2022）将中国 271 个地级市作为研究样本，发现在技术进步促进环境全要素生产率增长的过程中，环境规制表现出很强的门槛效应。也就是说，当环境规制力度高于阈值时，技术进步对环境全要素生产率增长的促进作用较强，而较弱的环境规制力度弱化了技术进步在环境全要素生产率增长过程中产生的积极影响。

环境规制与环境全要素生产率增长之间的关系是环境经济领域所重点关注的问题（Yang 等，2022）。在将政府环境规制作为影响环境全要素生产率增长因素的研究中，Wang 和 Yan（2022）通过对中国具有高碳排放特征的制造业的研究发现，环境规制不仅能够显著促进环境全要素生产率增长，还在环境全要素生产率增长的过程中产生了部分中介效应。Yang 等（2022）通过进一步研究发现，环境规制确实能够在环境全要素生产率增长的过程中发挥较为积极的作用，并且这种积极作用在省会城市更加明显。Lee 等（2022）对环境规制影响环境全要素生产率增长的机制进行分析后发现，环境规制能够通过对工业企业技术创新的促进，最终实现对环境全要素生产率增长的促进作用。Li 等（2021）进一步对环境规制的机制作用进行了拓展，发现环境规制力度增强后所产生的环境红利是环境全要素生产率增长的机制变量，但是并不存在波特效应。Zhao 和 Chen（2022）则从经济发达程度异质性的角度探讨了环境规制对环境全要素生产率增长的影响，发现环境规制对环境全要素生产率增长的促进作用表现出一种非线性的关系，并且经济发展程度越高，环境规制对环境全要素生产率增长的促进作用越明显。Ngo（2022）通过对这种非线性关系的具体研究后认为，环境规制对环境全要素生产率增长的影响呈现出了开口向上的二次型关系。具体来说，较弱的环境规制力度对环境全要素生产率增长的促进作用较小，而较为严格的环境规制能够对环境全要素生产率增长起到促进作用。Shi 等（2022）研究了 2003 年至 2012 年中国的工业企业数据样本，发现政府对工业企业生产过程中的环境规制主要表现为过量排污的罚款，这种环境规制方式具有较强的震慑力，能够显著促进当地环境全要素生产率增长。还有文献对环境规制的类型进行了划分，并探讨了不同类型环境规制对环境全要素生产率增长的影响。Zou 和 Zhang（2022）将环境规制类型划分为命令控制型与市场激励型，发现命令控制型的环境规制是目前中国环境全要素生产率增长的主要驱动因素，并且与环境全要素生产率增长之间表现出了明显的倒 U 形关系；而市场激励型的环境规制则与环境全要素生产率增长之间呈现出了 U 形关系。在此基础上，Wang 等（2022）深入研究了市场型环境规制政策与命令控制型环境规制政策，发现市场型的环境规制能够正向调节环境全要素生产率增长，而命令控制型环境规制则对环境全要素生产率增长的影响效应不显著。

在将经济因素作为影响环境全要素生产率增长因素的研究中，李小平和余东升（2021）研究了外商直接投资对当地以及附近地区环境全要素生产率增长的影响。研究发现，外商投资密度大的地区，环境全要素生产率增长越高，由于外商投资的溢出效应，其附近地区的环境全要素生产率增长也越高。Pan 等（2022）研究了对外直接投资对当地环境全要素生产率增长的影响，发现中国对外直接投资的增加能够促进本地环境全要素生产率增长，但是这种促进作用是非线性的，与产业结构、对外开放程度等因素有着密切的关系。Ding 等（2022）探讨了贸易开放对环境全要素生产率增长的影响，发现贸易开放能够明显促进环境全要素生产率增长。具体来说，贸易开放度每增加1%，环境全要素生产率就会增加0.097%。Chen等（2022）从市场化的角度出发，研究了市场一体化对环境全要素生产率增长的影响。他们通过市场一体化指标的构建，研究发现市场一体化对环境全要素生产率增长的促进作用存在较大的区域异质性，并且这种异质性会随着时间的推移不断加大。

除了对技术方面、环境规制方面以及经济方面影响环境全要素生产率增长的探究外，文献对环境全要素生产率增长影响因素的研究还包括政府管理能力（杜龙政等，2019；王兵，2010；张志辉，2015）、人均地区生产总值（Kumar，2006；Zhou等，2010）、制造业产值比重、工业企业经费支出、产业结构等产业变量（Chen和Golley，2014；Kumar，2006；沈能，2012；涂正革，2008）、气候虚拟变量、天气变量以及二氧化碳等环境污染物（Yang，2017）等。邵帅和李兴（2022）利用2003年至2016年中国276个城市层面的面板数据样本，通过双重差分模型，研究了市场导向型低碳政策、年平均人口、人口密度、地区生产总值增长率、固定资产投资总额、第二产业从业人员比重、规模以上工业企业数、规模以上工业总产值、平均气温、平均湿度、降水量和光照强度等宏观经济变量、产业变量以及天气变量对包含二氧化碳排放、工业废水废气等环境污染物的环境全要素生产率的影响。

1.3.3　简要评述

针对资源（枯竭）型城市的研究已经非常成熟，研究的领域涵盖了资源诅咒假说、经济增长、劳动与就业、全球化、可持续发展、社会学与心理学等各个方面。其中，大多数文献主要从理论以及政策建议的角度出发，对资源枯竭型城市进行评价指标体系的构建以及对资源枯竭型城市的转型绩效进行评估与建议。在对资源枯竭型城市进行实证检验的相关文献中，主流文献对资源诅咒假说形成了共识，认为资源繁荣程度或资源依赖程度较高的地区更容易滋生腐败、挤出技术创新和人力资本，从而导致制造业部门逐步萎缩和经济结构日益恶化，进而不利于经济长期增长，引发资源诅咒效应（徐康宁和王剑，2006；邵帅和齐中英，2008；邵帅和杨莉莉，2010）。除此以外，文献也研究了资源枯竭型城市扶持政策对资源枯竭型城市的经济、社会等方面的影响（孙天阳等，2020），或是通过案例分析的形式探讨了资源枯竭型城市政策对某一具体资源枯竭型城市的影响效应。另外，文献也对以资源枯竭型城市扶持政策等为代表的政府干预对产业结构转型升级以及生产技术水平进步进行了相关的考察。

针对环境全要素生产率增长的相关研究也非常丰富。现有文献对环境全要素生产率增长测算过程中技术前沿面、距离函数进行了大量讨论与修正，使得环境全要素生产率增长的测算方式逐渐精确。对于环境全要素生产率增长构成要素的研究，文献通常将资本、劳动、能源因素作为投入要素，将地区生产总值作为期望产出，并将二氧化碳排放、细颗粒物浓度以及工业废水、废气等传统的污染物排放作为非期望产出。文献除了对构成环境全要素生产率增长的主要要素之间的关系（如二氧化碳排放、经济增长与能源消耗之间的关系）进行详细探讨，还对影响环境全要素生产率增长的各项因素进行了细致的实证检验，影响因素大致可以归纳为地区生产总值、人口、外商直接投资、固定资产投资等宏观经济变量，工业总产值、工业企业数、产业结构、重工业占比等产业变量，以及能够通过影响非期望产出而对环境全要素生产率增长造成间接影响的平均气温、平均湿度等天气变量。

然而，在中国经济由高速增长向高质量增长转型、加强生态文明建设以及实现"双碳"目标的宏观背景下，鲜有文献关注资源枯竭型城市的转型发展、绿色发展、可持续发展以及高质量发展等相关问题。一方面，由于"资源咒诅""荷兰病"等的影响，资源枯竭型城市产业结构单一、资源消耗严重、环境污染加剧、经济增长缓慢，并且依靠自身的力量无法实现经济的转型发展，这是中国全面实现高质量发展所必须关注的问题；另一方面，资源枯竭型城市扶持政策作为资助以及推动资源枯竭型城市经济实现转型、高质量发展的主要政策，文献仅关注了其对经济以及社会方面的影响，并未从理论以及实证层面关注其对生态环境以及经济与环境协调发展等层面的影响。因此，探讨资源枯竭型城市扶持政策对资源枯竭型城市环境全要素生产率增长的影响，可以为中国经济全面转型、高质量发展以及"双碳"目标的达成提供政策参考与经验借鉴。有鉴于此，本书通过对相关文献的梳理与总结发现现有研究可以从以下几个方面进行拓展：

（1）资源枯竭型城市扶持政策影响环境全要素生产率增长的理论模型有待完善。资源枯竭型城市扶持政策对环境全要素生产率增长的影响涉及制造业企业以及环境污染治理企业，两类代表性企业都会通过最大化自身的效用函数，最终在整个系统内实现均衡。然而，相关的研究更多的是讨论资源枯竭型城市扶持政策对就业、经济的影响，很少有文献对资源枯竭型城市扶持政策影响环境全要素生产率增长的相关体系进行理论模型的构建、推导以及求解。因此，如何在理论模型中对资源枯竭型城市扶持政策影响环境全要素生产率增长的相关体系进行推导与演绎，以探究资源枯竭型城市扶持政策对环境全要素生产率增长的影响效应、影响机制，是既有文献所欠缺的。

（2）针对资源枯竭型城市扶持政策对环境全要素生产率增长影响效应的实证研究非常匮乏。文献更多关注了资源枯竭型城市的转型绩效，如通过代理指标的选取以及指标体系的构建，对资源枯竭型城市的转型效果进行评分以及评价。另外，一部分文献通过案例分析的方式，对某一具体的资源枯竭型城市的转型进行研究，缺乏宏观层面的分析。孙天阳等（2020）研究了资源枯竭型城市扶持政策对资源枯竭型城市在经济增长以及就业方面的影响，同样没有关注环境以及高质量发展的影响。在中国经济高质量发展以及"双碳"目标的背景下，在资源枯竭型城市基本发展条件被满足的情况下，更应该关注资源枯竭型城市扶持政策对以环境全要素生产率增长为表征的经济高质量发展的影响。这样既可以为资源枯竭型城市扶持政策的政策制定者提供相关的政策建议，也可以为中国经济全面实现高质量发展提供经验参考。

（3）资源枯竭型城市扶持政策影响环境全要素生产率增长的作用机制尚不明确。部分文献将环境层面的变量加入资源枯竭型城市转型绩效的指标体系中，与经济指标、社会指标等共同计算转型绩效得分并进行评价。然而，这种评价方法过于笼统，并且计算的过程是一个"黑箱"，不能表明具体什么变量能对资源枯竭型城市的高质量发展产生重要影响，也不能因地制宜地实施相关的政策及配套措施，从而实现资源枯竭型城市的高质量发展。因此，对于资源枯竭型城市扶持政策影响环境全要素生产率增长的作用机制分析，不仅能够为政策制定者因地制宜地实施资源枯竭型城市扶持政策提供政策参考，也能够为资源枯竭型城市地方政府高效率实现经济的转型发展提供经验支撑。对于资源枯竭型城市扶持政策影响环境全要素生产率增长的机制分析，是资源枯竭型城市实现转型发展的需要，也是中国全面实现高质量发展不可缺少的研究内容。

1.4　研究内容与创新之处

1.4.1　研究内容

本书的研究聚焦于中央政府的资源枯竭型城市扶持政策对绿色、协调、可持续以及高质量发展的研究。具体而言，基于资源枯竭型城市扶持政策的制度背景以及环境全要素生产率增长的特征事实，从理论与实证两个方面系统地考察了资源枯竭型城市扶持政策对环境全要素生产率增长的影响效应及作用机制。研究内容如下：中国资源枯竭型城市扶持政策的制度背景与环境全要素生产率增长的特征事实分析、资源枯竭型城市扶持政策影响环境全要素生产率增长的理论分析、资源枯竭型城市扶持政策对环境全要素生产率增长影响效应的实证分析、资源枯竭型城市扶持政策影响环境全要素生产率增长的机制分析。

第一章首先对研究背景和研究意义进行阐述，在介绍高质量发展以及"双碳"等政策背景的前提下，阐述中国资源枯竭型城市扶持政策的政策背景以及政策含义，以此引出研究目的。其次对国内外资源枯竭型城市扶持政策、碳中和以及高质量发展等的相关文献进行系统梳理并进行评述。在对全书的研究内容进行梳理与概括的基础上，本章与既有文献进行对比，总结出本书的创新之处。最后对研究思路、研究方法以及技术路线等进行了说明，凸显本书的研究价值。

第二章从国内外资源枯竭型城市的演变历程、运行特征等方面入手，重点对资源枯竭型城市扶持政策的制度背景进行了归纳与总结。同时，结合对于中国城市层面样本期间环境全要素生产率增长更为精确的测算，对样本期间中国环境全要素生产率增长的变化趋势、资源枯竭型城市与非资源枯竭型城市环境全要素生产率增长的差异进行了详细梳理与描述性分析，全面反映了中国资源枯竭型城市及其扶持政策、环境全要素生产率增长的现状。

第三章通过对研究主题的突出以及对城市层面经济运行特征的简化，构建了包含制造业企业以及环境污染治理企业的两部门模型。在厘清资源枯竭型城市中制造业企业与环境污染治理企业的运行特征及关系后，通过比较静态分析等方法的运用，对两类代表性企业之间的关系进行了分析，就资源枯竭型城市扶持政策对环境全要素生产率增长的影响予以讨论。结合既有文献的研究以及中国经济运行的现实状况，从理论层面阐述了资源枯竭型城市扶持政策影响环境全要素生产率增长的传导机制，包括转型发展效应以及污染防控效应。

第四章基于前文的现状分析与理论分析，重点实证检验了资源枯竭型城市扶持政策对环境全要素生产率增长的影响效应。为了排除内生性问题，以更加精准地识别资源枯竭型城市扶持政策对环境全要素生产率增长的影响，利用2003—2020年中国276个城市的面板数据样本，通过多期双重差分模型来对资源枯竭型城市扶持政策与环境全要素生产率增长之间的因果关系进行识别。在对基准回归结果进行讨论的基础上，为了确保基准回归结果的稳健性，进行了多种稳健性分析。最后，进一步对资源枯竭型城市扶持政策影响环境全要素生产率增长的异质性即动态效应进行了实证分析。

第五章重点考察了资源枯竭型城市扶持政策如何通过转型发展效应促进环境全要素生产率增长的提升。根据前文的理论分析，本章利用中介效应模型，分别就资源枯竭型城市扶持政策对以第三产业从业人员数量与第二产业从业人员数量之比等为表征的产业结构转型升级、以城市创新指数和发明专利授权数等为表征的生产技术进步等进行了实证检验，并从人均以及单位地区生产总值层面进行了稳健性检验。

第六章对资源枯竭型城市扶持政策影响环境全要素生产率增长过程

中污染防控效应所发挥的机制作用进行了实证验证。通过中介效应模型，分别就资源枯竭型城市扶持政策对以工业烟粉尘排放量、工业二氧化硫排放量以及工业固体废物综合利用率为表征的环境规制力度和以绿地面积、建成区绿化覆盖率以及植被固碳量为表征的生态环境保护力度进行了机制分析，并通过人均层面以及单位地区生产总值层面回归进行了稳健性检验。

第七章对前面理论与实证部分的工作进行了回顾与总结，并进一步提出相关的政策建议。

1.4.2　研究内容

现有针对资源枯竭型城市的研究主要集中于对资源枯竭型城市转型路径的思考、转型绩效的研究，以及资源枯竭型城市扶持政策对当地就业、经济发展以及产业结构的影响研究。然而，在"双碳"以及经济高质量发展的政策目标下，鲜有文献对资源枯竭型城市扶持政策促进环境全要素生产率增长的影响进行深入研究，更少有文献深入研究资源枯竭型城市扶持政策影响环境全要素生产率增长的内在机理。本书试图从理论层面探讨中国资源枯竭型城市扶持政策促进环境全要素生产率增长的实现路径，并从实证层面对资源枯竭型城市扶持政策影响环境全要素生产率增长的效果及其作用机制予以考量，从理论研究以及经验研究两个层面对资源枯竭型城市扶持政策的相关文献进行深化与拓展，并为资源枯竭型城市扶持政策更好地实施以及"双碳"与经济高质量发展政策目标更快实现提供政策参考。

（1）研究视角创新

既有文献大多通过构建包含经济和社会等方面指标的指标体系对资源枯竭型城市的转型绩效进行测算，或通过文字阐述、案例分析等形式对资源枯竭型城市扶持政策在促进经济增长、实现社会稳定等方面的作用进行评估。然而，鲜有文献关注资源枯竭型城市扶持政策对资源枯竭型城市环境以及高质量发展的影响。以牺牲生态环境为代价的发展模式虽然同样能够在短期内实现经济的增长，但这种增长模式从长期来看是低质量且不可持续的。为探究资源枯竭型城市对经济发展质量的影响，本书首次增加了生态环境的视角，考察了资源枯竭型城市扶持政策对包含投入要素、经济产出以及环境污染之间关系的环境全要素生产率增长的影响效应及作用机制，以期在补充资源枯竭型城市扶持政策对生态环境维度影响的相关内容的同时，更加全面、细致地考察资源枯竭型城市扶持政策对经济高质量发展的影响。

（2）**理论创新**

现有文献在研究资源枯竭型城市扶持政策的过程中，通常将研究的重心聚焦在资源枯竭型城市转型绩效指标体系的构建以及资源枯竭型城市扶持政策与经济增长、社会稳定之间的因果关系方面，并没有对资源枯竭型城市扶持政策的影响进行理论层面的分析，更未从理论层面关注资源枯竭型城市对生态环境以及经济高质量发展的影响。考虑到资源枯竭型城市扶持政策主要作用于资源枯竭型城市，并且以促进资源枯竭型城市的转型发展、绿色发展以及高质量发展为政策目标，本书首次对资源枯竭型城市扶持政策与环境全要素生产率之间的关系进行了理论层面的分析。具体来说，本书首次构建了包含制造业企业以及环境污染治理企业的两部门模型，在数理模型推导的基础上，通过将地方政府部门的经济发展目标与环境规制目标相关联，从理论层面研究了资源枯竭型城市扶持政策对环境全要素生产率增长的影响及作用机制，以期对资源枯竭型城市扶持政策的相关理论进行拓展。

（3）**方法应用创新**

现有文献主要通过指标体系构建，并运用综合评分的方法，间接反映资源枯竭型城市扶持政策的影响效应，并没有研究资源枯竭型城市扶持政策对环境全要素生产率增长的直接影响，没能严谨地分析资源枯竭型城市扶持政策与环境全要素生产率增长之间的因果关系。本书通过严谨的实证研究，验证了资源枯竭型城市扶持政策与环境全要素生产率增长之间的因果关系及作用机制。具体来说，首先，本书使用邵帅（2022）的方法，更加精确地计算了城市层面的环境全要素生产率增长；其次，利用双重差分模型，通过严谨的实证研究探讨了资源枯竭型城市扶持政策对环境全要素生产率增长的影响效应；最后，本书利用中介效应模型，分析了资源枯竭型城市扶持政策影响环境全要素生产率增长的作用机制。

1.5　研究方法与技术路线

1.5.1　研究方法

本书在资源枯竭型城市扶持政策影响环境全要素生产率增长的理论分析部分主要运用了两部门模型、比较静态分析等相关的数理经济方法进行理论分析与模型构建；在测算环境全要素生产率增长的部分主要运用了 DEA 模型；在实证分析资源枯竭型城市与环境全要素生产率之间因果关系的过程中，主要运用了双重差分模型；在研究资源枯竭型城市扶持政策影响环境全要素生产率增长作用机制的过程中，主要运用了中介效应模型。上述各种研究方法在本书各个研究内容的具体应用如下：

（1）资源枯竭型城市扶持政策对环境全要素生产率增长影响的理论分析。本书使用文献法，为资源枯竭型城市扶持政策影响环境全要素生产率增长的相关研究奠定理论基础。通过总结、简化资源枯竭型城市经济的运行特征，分别用制造业企业以及环境污染治理企业表征资源枯竭型城市中的经济产出部门以及环境污染治理部门，以凸显二者各自的经济特征以及政府对经济发展和环境保护之间目标的权衡。采用包含制造业企业以及环境污染治理企业的两部门模型进行模型的构建与推导，并通过比较静态分析等数理方法对两部门之间的函数关系求解，以期从理论层面为资源枯竭型城市扶持政策对环境全要素生产率增长的影响效应与作用机制进行推导、解释。

（2）环境全要素生产率增长的测算。传统的 DEA 方法在测算环境全要素生产率增长的过程中，会出现因环境技术前沿面设定偏误而导致的对观察值效率测算的偏差。为了避免这种偏差，本书使用总体技术的概念对环境技术前沿面进行重新定义，同时结合非角度、非径向的方向距离函数，使用 DEA 方法对中国城市层面的环境全要素生产率增长进行了更为精确的测算。

（3）资源枯竭型城市扶持政策对环境全要素生产率增长的经验研

究。在实证研究资源枯竭型城市扶持政策与环境全要素生产率增长之间因果关系的过程中，为了避免可能出现的内生性问题，如遗漏重要变量、互为因果等，同时考虑到资源枯竭型城市扶持政策多次实施，本书采用多期双重差分模型对资源枯竭型城市扶持政策对环境全要素生产率增长的影响效应进行参数估计，并将标准误聚类到城市层面以控制可能存在的异方差问题。在基准回归的基础上，本书借助双重差分模型对资源枯竭型城市扶持政策对环境全要素生产率增长的影响进行了稳健性、异质性以及拓展分析。

（4）资源枯竭型城市扶持政策影响环境全要素生产率增长的作用机制。为了研究资源枯竭型城市扶持政策影响环境全要素生产率增长的作用机制，本书主要使用中介效应模型依次对所有作用机制进行检验，为了确保中介效应模型的检验结果是稳健的，还在作用机制的分析部分对其与经济学传统的机制分析模型进行对比分析，并利用人均以及单位生产总值等方式进行稳健性检验。

1.5.2　技术路线

基于中国资源枯竭型城市扶持政策的研究背景以及中国环境全要素生产率增长的特征事实，本书结合既有文献的总结与梳理，遵循问题提出、理论研究、经验研究以及结论与政策建议的逻辑递进研究体系对资源枯竭型城市扶持政策影响环境全要素生产率增长的问题进行了深入分析，技术路线以及研究框架如图1-1所示。

为了研究资源枯竭型城市扶持政策对环境全要素生产率增长的影响，本书首先使用文献分析的方法，对与资源枯竭型城市及其扶持政策、环境全要素生产率增长以及二者之间的关系相关的文献进行综述，旨在为研究资源枯竭型城市扶持政策影响环境全要素生产率增长奠定文献基础。此外，使用统计分析等方法，对中国资源枯竭型城市及其扶持政策的演变进行特征事实表述，并对资源枯竭型城市及其他地区环境全要素生产率增长的现状进行描述性统计，为研究资源枯竭型城市扶持政策影响环境全要素生产率增长寻找经验与事实依据。在文献基础与事实依据完备的前提下，根据中国经济发展过程中的现状和特征，提出了研

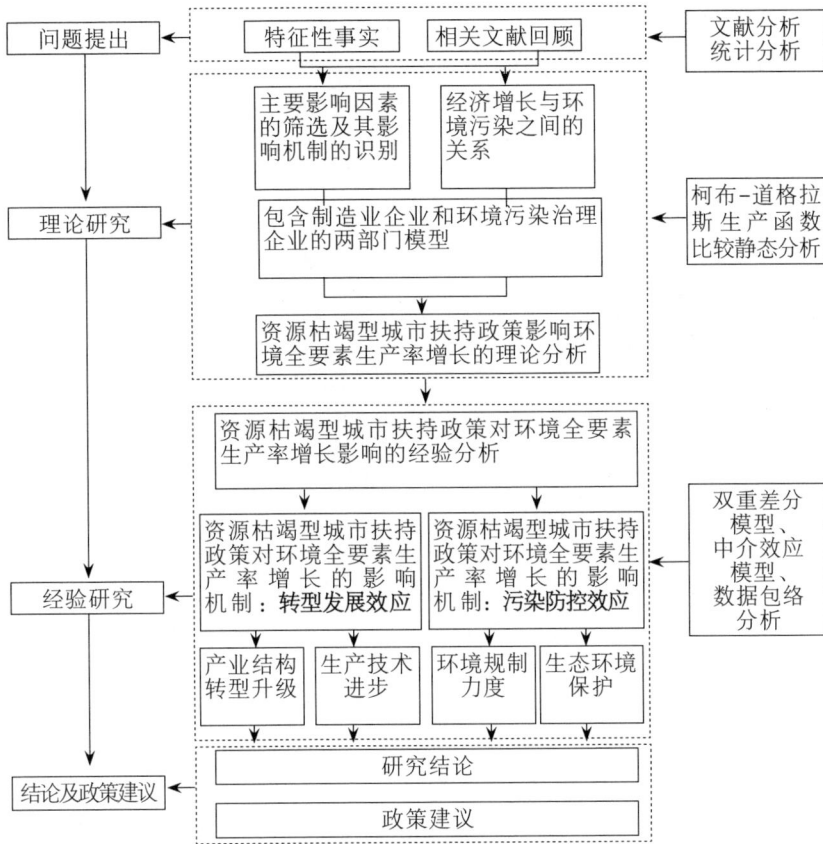

图 1-1　技术路线

究问题：资源枯竭型城市扶持政策影响环境全要素生产率增长的作用机
制是什么？

为了解决这一问题，本书在厘清环境全要素生产率增长的主要影响
因素以及资源枯竭型城市中经济增长与环境污染之间逻辑关系的基础
上，以柯布-道格拉斯生产函数为基础，通过构建包含制造业企业以及
环境污染治理企业在内的两部门模型，对资源枯竭型城市扶持政策影响
环境全要素生产率增长进行理论模型的构建与推导，并通过模型的求导
与比较静态分析等数理方法，对资源枯竭型城市扶持政策对环境全要素
生产率增长的影响及作用机制进行理论分析。

本书在理论分析得出影响效应及作用机制的基础上，利用中国城市
层面的数据对理论分析中的所有结论逐一检验与验证。具体来说，首先

使用多期双重差分模型，实证检验了资源枯竭型城市扶持政策对环境全要素生产率增长的影响效应。其次使用中介效应模型，对理论分析中资源枯竭型城市扶持政策影响环境全要素生产率增长过程中的转型发展效应以及污染防控效应进行了检验。

最后，根据理论研究与经验研究中的内容，提出了对应的结论与政策建议。

2 资源枯竭型城市扶持政策的制度背景及特征事实

在前文介绍研究背景以及提出问题的基础上，本章主要对资源枯竭型城市扶持政策的制度背景以及环境全要素生产率增长的特征事实进行现状分析，以期通过现状分析找出二者之间的关联。具体来说，本章在分析资源枯竭型城市演变及运行特征的基础上，对资源枯竭型城市扶持政策的类型、特征进行归纳总结，并对中国资源枯竭型城市扶持政策的制度背景进行详细梳理。同时，对中国城市层面环境全要素生产率增长进行描述性分析，重点分析了资源枯竭型城市与非资源枯竭型城市环境全要素生产率增长的变化，以期找到资源枯竭型城市扶持政策与环境全要素生产率增长之间关联的证据。

2.1 资源枯竭型城市扶持政策的制度背景

2.1.1 资源枯竭型城市及其扶持政策的特征

由于丰富的自然资源，资源型城市形成了以资源开采、加工等为主的资源型产业，并在短期内为当地经济的增长提供了充足的动力。然而，在对自然资源大量无节制开采导致资源衰退的情况下，资源枯竭型城市也逐渐暴露出其发展模式所具有的缺陷：第一，以自然资源为主的产业模式在自然资源枯竭的情况下，产业效益逐渐下降；第二，丰富的自然资源使得资源产业繁荣，但挤出了其他产业，导致产业结构较为单一，资源产业逐渐萎缩，替代产业难以形成（"荷兰病"效应）；第三，由于与自然资源开采、加工等相关的产业具有技术含量低、能耗高、污染严重等特点，因此使得资源枯竭型城市经济总量不足，地方财政薄弱（"资源诅咒"假说）；第四，随着自然资源的减少，大量从事资源产业劳动力的收入低于全国城市居民人均水平，严重的甚至会出现大量失业，增加社会不稳定因素。

资源型城市的发展路径一般可以归纳为以下阶段：

第一阶段是勘探与建设阶段。随着城市中大量的自然资源被勘探出来，资源型城市的基础设施建设、产业发展中心以及政府政策的制定等也都围绕丰富的自然资源展开。

第二阶段是繁荣阶段。随着与自然资源开采、加工、利用等相关的基础设施建设完成，产业链的落地以及政府政策的实施，丰富的自然资源为资源型城市的经济增长提供了持续且充足的动力，资源型城市也因丰富的自然资源而变得异常繁荣。

第三阶段是衰退阶段。资源型城市以自然资源的开发、加工以及利用等为中心的产业发展模式，加之粗放式的生产模式，使得资源型城市中蕴含的自然资源被大量且快速消耗，自然资源的孕育速度远低于资源产业对自然资源的消耗速度。作为资源型城市经济增长的唯一动力，自然资源的枯竭使得资源型城市后续的经济增长乏力，甚至出现倒退的现象，资源型城市进入衰退或枯竭阶段。

第四阶段是转型阶段。这一阶段对于资源枯竭型城市能否实现转型发展以及经济的可持续发展是至关重要的。成功的转型可以使得资源枯竭型城市实现经济振兴，经济增长速度甚至超过原来的以资源开采、加工以及利用为主的发展模式；转型的失败可能导致资源枯竭型城市的消亡，并最终导致经济增长的停滞以及人口的流出等。因此，如何实现资源枯竭型城市经济与产业的转型发展，为资源枯竭型城市的经济增长模式找到新的突破点，是所有资源枯竭型城市亟待解决的问题。

从世界各个国家的经验积累来看，不同国家或政治体制下资源枯竭型城市扶持政策的取向主要可以分为以下几类：

第一类是以市场机制的调控为主，政府几乎不对资源枯竭型城市的转型方式做出干预。如在美国，资源枯竭型城市的转型目标、转型路径乃至转型时机主要是由城市中的市场力量以及企业自身发展、盈利目标决定的，政府并不会对城市以及企业进行具体干预。政府的目标主要是为资源枯竭型城市的转型进行宏观规划，并为所有的企业做好服务工作。

第二类是以政府对资源枯竭型城市的直接干预为主。如在德国或者法国，面对需要转型的资源枯竭型城市，德国或法国的中央政府或地方政府会成立解决资源枯竭型城市转型问题的专门委员会以及其他相关组织，领导、协调各个政府部门以及社会各部门相互协调、相互配合，通过政府部门对资源枯竭型城市制订详细的转型方案、转型对策以及转型的目标计划，加之社会各界的通力合作，最终实现资源枯竭型城市的产业结构转型升级、生产技术进步，实现经济的转型发展。

第三类是以政府制定的产业政策指导下的产业援助为主。如在日本，面对以煤炭为主的资源枯竭型城市的转型问题，政府会根据国内以及国际煤炭市场的供需情况，结合资源枯竭型城市的实际运行状况，制定或修改与煤炭相关的产业政策，制定或更新发展目标以及发展措施等。

第四类是以自由放任式为主。如委内瑞拉等国家，面对资源枯竭型城市，中央与地方政府几乎不采取任何扶持政策以及转型措施。

表2-1展示了部分国家资源枯竭型城市成功的转型案例以及具体措施。

表2-1 资源枯竭型城市转型案例

地区	所属国家	主要资源	转型措施
鲁尔	德国	煤炭、钢铁	从以煤炭和钢铁等资源的生产、加工为主转型为以煤炭和钢铁生产为基础，以信息、技术等为主的经济开发区
洛林	法国	铁矿、煤矿	从以铁矿和煤矿等资源为主的重工业、重化工基地，通过"工业转型"等战略的实施，发展成为整个法国吸引外商投资量最大的地区
匹兹堡	美国	钢铁	从以钢铁加工、制造为主的重工业地区，通过对传统制造业的改造以及现代产业的引入，转变为以轻型和服务型为主的产业结构模式
休斯敦	美国	石油	从以石油开采、加工为主的资源型城市转型为向产业链下游延伸和拓展以及建立宇航中心等
洛杉矶	美国	石油	从以石油开采、加工为主的资源型城市，一方面通过对于农业的开发与发展，转型成为了粮、棉、蔬菜、水果等农业生产基地；另一方面通过对飞机制造业以及军械工业等的扶持与投入，形成了一系列以军工为主的替代产业群
九州	日本	煤炭	从以煤炭为主的资源型城市，通过一系列产业政策的制定以及现代化开发区的规划，吸引大量高技术企业迁入九州开发区，成为日本最重要的高新技术产业区
威尔士	英国	煤炭	从以煤炭为主的资源型城市，通过产业政策的制定以及税收优惠、创新补贴等的扶持，吸引了大量的高技术产业以及旅游业等的投资

2.1.2　中国资源枯竭型城市及相关扶持政策演变

在中国经济高速增长阶段，由于粗放式的发展模式以及对经济增速的过度追求，中国的资源型城市仅经历了几十年飞速发展，就面临着资源枯竭所带来的以下问题：

第一，资源环境问题。在资源方面，由于自然资源具有不可再生的属性，因此随着经济增长对自然资源的大量消耗，资源枯竭型城市的资源含量逐年减少；在生态环境方面，由于在资源型城市的开发与建设的过程中仅关注了自然资源的开采，忽略了生态环境保护以及城市发展过程中生态承受能力，因此随着资源的开发与利用，资源枯竭型城市等逐渐出现耕地的沙漠化与盐碱化、生态环境污染严重以及水资源短缺等各种生态环境问题。

第二，经济收益问题。一般来说，资源型城市一般都是根据资源所在地而形成的，因此资源型城市的地理位置相对较为偏僻，并且除了资源以外的产业发展能力薄弱。同时，以自然资源为主要发展动力的发展模式也导致了资源型城市中大多数产业模式、公共服务等围绕主要的资源产业而形成，与其他城市相比缺少开放性以及自主运营的空间。随着自然资源的枯竭，资源型产业的生产成本增加。

第三，产业结构问题。一方面，资源枯竭型城市中政府政策以及资本、人力等生产资料向资源型产业的倾斜，不仅使得资源枯竭型城市的经济增长严重依赖资源产业，同时还对高技术产业、第三产业以及其他替代产业等形成了挤出效应，导致资源枯竭型城市产业结构的单一化、非均衡化。另一方面，资源型产业在开采、加工以及利用自然资源过程中所使用到的设备等固定资产具有很高的技术确定效应，这些固定资产由于不能充分地回收或在其他方面使用，因而形成了较高的沉淀成本，造成了资源型产业的退出障碍。

第四，政企合谋（田彬彬和范子英，2018）、职能错位等其他问题。一方面，在以经济增长为主要指标的官员考核、晋升机制下，资源枯竭型城市的部分政府官员会出现"逐底竞争"的短视行为（赵阳等，2021），为了促进经济的增长，不惜主动降低环境规制标准，大量引入污染企业，抑制了产业结构升级（余泳泽和潘妍，2019）；另一方面，对于资源型产业创造的税收地方政府的留成较低，因而容易使得企业与政府的发展目标本末倒置，功能错位。总的来说，资源枯竭型城市经济增长缓慢，失业人数占比较高，并且环境污染严重，同时面临着来自经济、社会与环境三个方面的压力。

通过对资源枯竭型城市的分析，文献得到了较为统一的结论，即丰富的自然资源非但没有促进资源枯竭型城市实现更快的经济增长，反而挤出了其他产业，使得以资源产业为主的资源枯竭型城市产业结构单一、生产技术落后、能源消耗大以及环境污染严重，最终抑制了经济增长（Yu等，2022；Wu等，2023）。更为严重的是，随着自然资源的枯竭，以资源开采、加工以及利用为主的资源枯竭型城市支柱产业及其相关的产业链将会出现越来越严重的失业问题（Zhao等，2022）。因此，为了维持社会的稳定，实现经济与环境的协调发展，助力中国经济向高质量发展转型，中央政府需要对资源枯竭型城市进行政策上的扶持以及财政上的帮助。图2-1为资源枯竭型地区相关政策措施演进。

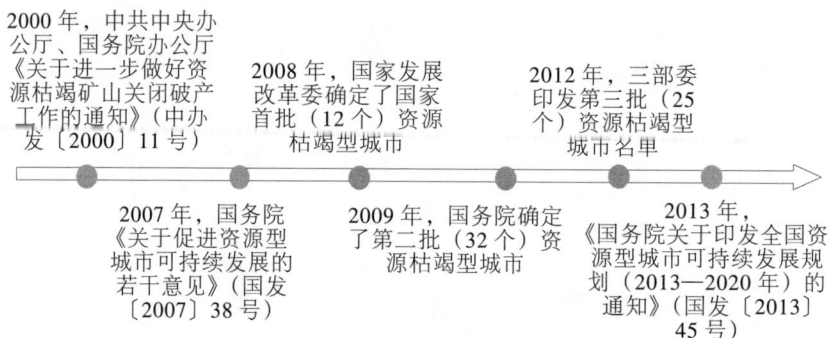

图2-1 资源枯竭型地区相关政策措施演进

2000年，针对部分矿山出现枯竭问题，中共中央办公厅、国务院颁布了《关于进一步做好资源枯竭矿山关闭破产工作的通知》，对矿山职工等人员的安置问题进行了详细说明。从2007年开始，面对日益严重的资源型城市中资源枯竭、经济增长难以维持等问题，国务院颁布了《关于促进资源型城市可持续发展的若干意见》，并强调了提高生产技术进步水平、促进产业结构多元化、培育替代型产业、实现经济转型发展、经济与环境协调发展的重要作用（孙天阳等，2020）。为了进一步落实对资源枯竭型城市的扶持政策，促进资源枯竭型城市的转型发展，中国政府在2008—2009年筛选了两批自然资源严重衰退的资源枯竭型城市，并对这些城市进行财力性转移支付，以帮助资源枯竭型城市实现经济转型发展（Sun 和 Liao，2021）。随着中国政府在 2012 年对第三批资源枯竭型城市的筛选以及财力扶持，69 个资源枯竭型城市的筛选以及扶持工作全部完成。

表 2-2 展示了 69 个资源枯竭型城市的入选年份以及资源枯竭类型，包括煤炭、森林工业（简称"森工"）、冶金以及石油、天然气及其他。随后，《国务院关于印发全国资源型城市可持续发展规划（2013——2020 年）的通知》印发，对全国 262 个资源型城市可持续、高质量发展问题进行了全面规划。总的来说，中国政府对资源枯竭型地区的政策体现了从被动向主动，从关闭向转型，从以维持社会安定为主向社会、经济、环境全面协调发展的转变。

表2-2 　　　　　　　　　　资源枯竭型城市类型及入选年份

资源枯竭类型	2008 年	2009 年	2012 年
煤炭	焦作、萍乡、阜新、辽源、白山、石嘴山	枣庄、黄石、七台河、淮北、北票、合山、华蓥、九台、铜川、抚顺、孝义、昆明东川区、张家口下花园区、葫芦岛南票区、重庆万盛区、资兴、耒阳	徐州贾汪区、双鸭山、霍州、涟源、松滋、新泰、鹤岗、韶关、通化二道江区、重庆南川区、包头石拐区、淄博淄川区、乌海、兰州红古区、石家庄井陉矿区、黑河瑷珲区
森工	伊春、大兴安岭	阿尔山、敦化、舒兰、五大连池	额尔古纳、鄂伦春、嘉荫、根河、铁力、汪清、牙克石、逊克、扎兰屯
冶金	白银、大冶、个旧	辽阳弓长岭区、葫芦岛杨家杖子开发区、承德鹰手营子矿区、铜陵、冷水江、铜仁地区万山特区	贺州平桂区、新余、常宁、大余、易门、潼关、昌江
石油、天然气及其他	盘锦	玉门、潜江、灵宝、钟祥、景德镇	泸州、蒲阳

　　图2-2展示了中国69个资源枯竭型地区的区位分布，以及各省份所包含资源枯竭型城市的数量占比。可以发现，东北地区的辽宁、吉林以及黑龙江作为老工业基地，出现了20个资源枯竭型地区，约占全国所有资源枯竭型地区数量的1/3。中部地区部分省份资源枯竭型地区的数量仅次于东北三省，如湖北、湖南各出现了5处资源枯竭型地区，分别占全国总数的7%，江西有4处资源枯竭型地区，占所有资源枯竭型地区的6%，其余大部分省份的资源枯竭型地区为2~3处。另外，东部地区的江苏、广东、海南，以及西部地区的贵州、宁夏均只有1处资源枯竭型地区。

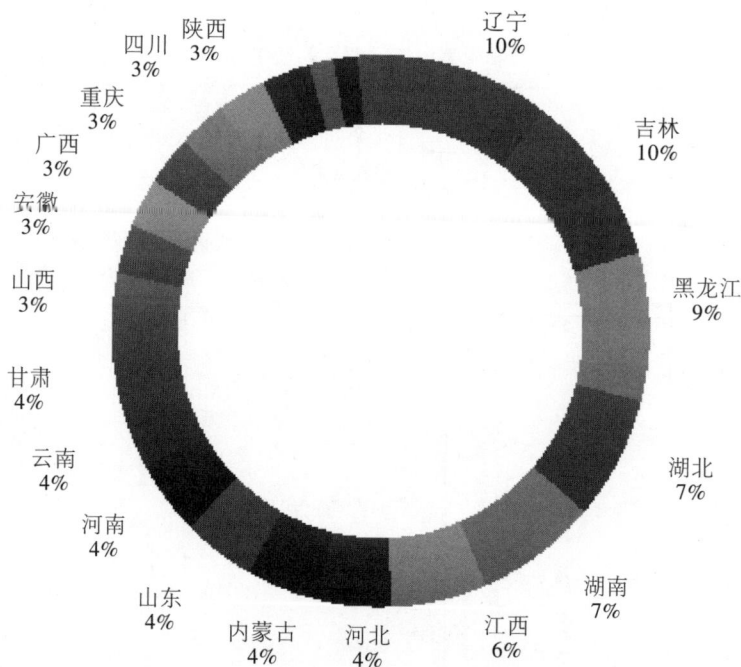

图2-2　各省资源枯竭型地区占比

　　注：图中未包含大、小兴安岭林区；未标记的5个省份是江苏、广东、海南、贵州以及宁夏，其各有一个资源枯竭型地区，占比均为1%；其余省份未出现资源枯竭型城市。

2.2 环境全要素生产率增长的特征事实

本节主要对环境全要素生产率增长在时间以及空间上的趋势进行对比分析。首先，2004—2005 年，中国整体的环境全要素生产率增长从 0.01 变为 -0.02，这表明中国总体的环境全要素生产率呈现出下降的趋势。刘瑞翔和安同良（2012）通过对资源环境约束下中国环境全要素生产率增长的研究，同样得到了中国环境全要素生产率增长在 20 世纪初有所下降的结论。2006 年，中国整体的环境全要素生产率增长幅度较大，可能与中国政府对环境保护的重视以及通过多种政策措施来提升环境质量有关，因而有利于环境全要素生产率增长；2015 年，环境全要素生产率增长为负，可能与"三期叠加"、经济增长动力转换所形成的经济减速调整有关。除了这两年的极端值外，样本期间中国环境全要素生产率增长总体上呈现出波动上升的态势，表明中国经济发展质量总体上呈现出上升趋势。其中，从 2010 年开始，中国环境全要素生产率增长提升最为迅速，这也与杨耀武和张平（2021）对中国经济发展质量的测算结果相接近。

其次，东部地区由于经济较为发达，生产技术相对成熟，并且政府部门对于工业企业技术进步起到了显著的促进作用（叶祥松和刘敬，2020），因此所消耗的自然资源较少，污染排放较低，同时获得的经济产出也更多。因此，东部地区环境全要素生产率增长在大多数年份都保持增长的趋势。与东部地区平稳、持续的环境全要素生产率增长不同，中、西部地区的环境全要素生产率增长更多表现出围绕 0 点上下波动的趋势，其中中部地区波动大，西部地区波动小。

值得注意的是，由于中、西部地区的生产模式缺乏技术的支撑，因此中、西部地区的环境全要素生产率增长更容易受到政策的影响。如中、西部地区环境全要素生产率增长在 2005 年严重，而在 2006 年随着环境保护战略的实施，环境全要素生产率呈现出强势的增长势头。同时，需要说明的是，2016 年中、西部地区的环境全要素生产率增长较快，中部地区环境全要素生产率增长达到了 0.036，而同年东部地区平均环境全要素生产率增长仅为0.013。可能的原因是东部地区无论在经济发展程度还是生产技术水平上均高于其他地区，以中央政府财力性转移支付为主的资源枯竭型城市扶持政策在东部地区的边际影响效应较低；中部地区以及西部地区的经济发展水平较为落后，政府财政力量薄弱，资源枯竭型城市扶持政策的实施能够对资源枯竭型城市产生更大的积极作用，能够使得地方政府部门用充足的财政资金来推动当地产业结构的转型升级、生产技术的持续进步以及环境规制力度的不断加强，最终在资源枯竭型城市扶持政策的作用下，实现环境全要素生产率快速增长。

最后，本书通过数据对比分析了资源枯竭型城市与非资源枯竭型城市在样本期间环境全要素生产率增长变化趋势的差异。在2011年之前，资源枯竭型城市的环境全要素生产率一直呈现出下降的趋势（其中，2006年的环境全要素生产率增长虽然为正，但数值较小）。与资源枯竭型城市相比，非资源枯竭型城市由于具有更高的生产技术与生产效率，更加完备的产业结构，因而在样本期间总体上保持着上升的趋势，2006年非资源枯竭型城市的环境全要素生产率增长甚至达到了0.07。随着2008年以及2009年资源枯竭型城市扶持政策的实施，中央政府对资源枯竭型城市政府部门财力性转移支付的完成，资源枯竭型城市环境全要素生产率增长从2010年开始表现出了上升的趋势。随着2012年中央政府对第三批资源枯竭型城市扶持的完成，资源枯竭型城市的环境全要素生产率增长由负转正（2014年资源枯竭型城市的环境全要素生产率为负，但数值较小），总体上表现为发展质量的提高以及经济与资源环境越来越协调地发展。

那么，资源枯竭型城市环境全要素生产率增长的提高究竟是否由资源枯竭型城市扶持政策引起？资源枯竭型城市扶持政策与环境全要素生产率增长之间是否具有显著的因果关系？若有因果关系的话，资源枯竭型城市扶持政策通过何种途径促进了资源枯竭型城市环境全要素生产率增长的提升？针对这些问题，本书将在下文从理论分析以及实证分析两个方面予以解答。

2.3　本章小结

本章从国际的角度对资源枯竭型城市的定义、发展路径以及扶持政策进行了细致梳理，并对中国资源枯竭型城市的特征及其扶持政策的演变进行了归纳与总结，利用2003年至2020年中国276个城市的面板数据样本，使用2015年Afsharian和Ahn提出的总体技术方法，对包含二氧化碳、细颗粒物等非期望产出在内的各个城市历年环境全要素生产率增长进行了细致测算，对东、中、西部地区以及资源枯竭型城市与非资源枯竭型城市的环境全要素生产率增长的差异进行了分析。

本章得到的主要结论如下：

（1）资源枯竭型城市的形成一般都会经历四个阶段，分别是对当地自然资源的勘探与城市建设阶段；丰富的自然资源带来的繁荣发展阶段；随着自然资源的枯竭，城市经济进入衰退阶段；转型发展阶段。一般来说，资源枯竭型城市除了具有产业结构单一的"荷兰病"效应以及经济增长缓慢的"资源诅咒"效应，在发展的过程中还存在生产技术不足、环境污染严重等问题，并且随着资源的枯竭，会出现经济、社会以及环境问题，加之资源枯竭型城市无法依靠自身力量实现经济的转型发展，因此需要中央政府实施相应的政策进行扶持。

（2）中国的资源枯竭型城市除了上述存在的问题，还具有人口规模大、资源消耗快、粗放式发展模式导致环境污染严重等一系列问题。国际上的资源枯竭型城市扶持政策主要有四种类型，分别是政府主导型、市场主导型、依靠产业政策进行援助型以及政府放任型。中国主要通过中央政府对资源枯竭型城市的财力性转移支付，依靠资源枯竭型城市所在省份的省级政府进行转型的策略统筹与效率监督，由资源枯竭型城市的地方政府负责转型对策的具体制定与实施。

（3）中国环境全要素生产率增长整体上呈现出波动上升的趋势。其中，2005年的环境全要素生产率增长为−0.02，说明中国整体的环境全要素生产率在下降；2006年环境全要素生产率增长有了较大的提升。另外，2015年环境全要素生产率增长为负，可能与经济增长动力转换所形成的经济减速调整相关。从区域异质性的角度来说，东部地区由于经济发达、生产技术先进，并且产业结构多元，环境全要素生产率增长普遍为正，即样本期间东部地区的环境全要素生产率保持增长的趋势。相比之下，由于中、西部地区经济发展水平与工业生产技术相对较为落后，因而环境全要素生产率增长围绕0点附近波动。

（4）对比资源枯竭型城市与非资源型城市环境全要素生产率增长的变化趋势可知，样本期间非资源枯竭型城市的环境全要素生产率增长普遍为正，呈现出持续上升的趋势，而资源枯竭型城市由于单一的产业结构、落后的经济与生产技术，在2011年前环境全要素生产率普遍为负。随着第一、二批资源枯竭型城市扶持政策的实施以及中央政府对资源枯竭型城市的财力性转移支付，资源枯竭型城市环境全要素生产率下降的趋势从2010年开始逐渐减弱。随着第三批资源枯竭型城市扶持政策的实施，资源枯竭型城市环境全要素生产率由负转正，并且从2012年开始呈现出持续增长的趋势。

3 资源枯竭型城市扶持政策对环境全要素生产率增长影响的理论机制

　　由上文对于资源枯竭型城市扶持政策的制度背景以及环境全要素生产率增长的特征事实分析可知，在中国经济由高速增长向高质量发展转型的过程中，在"美丽中国"、"绿色发展"以及"双碳"目标等政策导向下，资源枯竭型城市由于经济增长缓慢、产业结构单一、技术进步动力不足以及资源环境面临严重约束导致环境全要素生产率增长缓慢，甚至出现了负增长的趋势，亟需通过高效的资源枯竭型城市扶持政策的实施推动资源枯竭型城市的转型发展、高质量发展。通过梳理与资源枯竭型城市及其扶持政策相关的文献可以发现，鲜有文献就资源枯竭型城市扶持政策与环境全要素生产率增长之间的因果关系进行深入而系统的研究。相关文献的研究重心集中在对资源枯竭型城市在转型发展过程中经济发展、社会稳定等指标体系的构建上，并通过指标体系对资源枯竭型城市的转型绩效进行评分，以评价资源枯竭型城市扶持政策的政策效果。其他文献则主要通过案例分析或文字阐述的方式对资源枯竭型城市扶持政策在促进经济增长、就业等方面的作用进行了评价。总的来说，资源枯竭型城市的转型发展和绿色可持续发展是中国全面实现高质量发展以及"双碳"目标所必须关注的问题，然而现有文献一方面对资源枯竭型城市环境与经济协调发展的相关研究较为匮乏，另一方面也缺乏相关的理论基础与支撑。本章在"资源诅咒""荷兰病"等理论的启发下，对资源枯竭型城市扶持政策影响环境全要素生产率增长的理论模型进行了构建与推导，使用制造业企业与环境污染治理企业这两个代表性企业对资源枯竭型城市中经济增长与环境污染之间的关系进行特征化表述，旨在厘清经济增长与环境污染之间关系的基础上，从理论层面对资源枯竭型城市扶持政策影响环境全要素生产率增长进行推导与表达，分析资源枯竭型城市扶持政策对环境全要素生产率增长的影响及作用机制。

3.1 资源枯竭型城市扶持政策对环境全要素生产率增长影响的理论模型

3.1.1 理论模型设定

本书将资源枯竭型城市视为一个独立的经济运行系统，与外界（其他非资源枯竭型城市）不存在贸易往来与产品交换，因而其他非资源枯竭型城市对资源枯竭型城市的生产技术没有溢出效应。主要研究资源枯竭型城市扶持政策对资源枯竭型城市环境全要素生产率增长的影响，即资源枯竭型城市中经济与环境的协调关系，对资源枯竭型城市经济社会运行过程中与经济发展、环境污染或保护等相关的特点进行总结，突出资源枯竭型城市中经济与环境的特征，同时对资源枯竭型城市中其他生产过程或生产环节进行适当简化。具体来说，假定资源枯竭型城市这一独立的经济运行系统由两个代表性企业构成，分别是代表促进当地经济增长的制造业企业、代表与当地环境保护相关的环境污染治理企业。

（1）制造业企业。制造业企业代表了资源枯竭型城市中与资源开发、经济产出以及环境污染相关的资源型产业。具体来说，制造业企业属于劳动密集型以及资源密集型企业，主要通过雇用大量的劳动力对当地的自然资源进行低效率开采、加工或使用，生产效率相对落后，生产技术的更新速度与需求相对较低，从而导致了资源枯竭型城市中制造业企业在生产过程中消耗了大量的人力资源与自然资源，排放大量的细颗粒物、二氧化硫等空气污染物以及二氧化碳等温室气体。虽然制造业企业是资源枯竭型城市经济增长的主要来源，但是由于生产的效率与技术水平相对较低，因而产品产出相对较少，导致资源枯竭型城市的经济增长缓慢。

本书针对制造业企业的经济运行特征，假设了资源枯竭型城市中制造业企业在生产过程中所用到的生产要素，包括技术、劳动、自然资源以及资本，并对制造业企业的生产函数进行如下假定：

$$Y = AK^{\alpha}L^{\beta}E^{1-\alpha-\beta} \tag{3.1}$$

方程（3.1）中，A 表示资源枯竭型城市中制造业企业的生产技术。由于资源枯竭型城市中仅制造业企业使用技术，并且通过消耗资本、劳动力以及能源等生产要素以提供经济产出，因此方程（3.1）中 A 也代表了资源枯竭型城市中的环境全要素生产率增长。K 表示资源枯竭型城市中制造业企业在进行经济产出过程中所使用到的资本要素，L 表示资源枯竭型城市中制造业企业在进行经济产出过程中所使用到的劳动力要素，E 表示资源枯竭型城市中制造业企业在进行经济产出过程中所使用到的能源要素。本书主要使用柯布-道格拉斯生产函数对资源枯竭型城市中制造业企业的生产模式予以表征（刘晓光和龚斌磊，2022），并且生产的规模报酬不变，资本、劳动力与自然资源投入的系数和为 1（盖庆恩等，2017）。

需要注意的是，由于资源枯竭型城市中制造业企业具有生产效率低、技术进步缓慢等特点，因此除了需要消耗大量自然资源等投入要素作为生产成本外，制造业企业在工业生产过程中所排放的大量细颗粒物、二氧化硫等环境污染物以及二氧化碳等温室气体也增加了制造业企业的生产成本，尤其是在高质量发展以及"双碳"目标的政策导向下，地方政府对污染企业的环境规制力度更强，制造业企业需要承担更加严重的污染过度排放后果。制造业企业为了获得最优的生产利润，往往会通过增加研发支出以促进生产技术进步，从而减少环境污染物的排放。技术进步从投入到获得回报的周期较长，需要付出较高的研发成本，并且具有较大的不确定性。针对以上情况，本书对资源枯竭型城市的制造业企业生产过程中的成本函数进行如下假定：

$$C = rK + wL + mE + PX + \frac{\varphi}{2} XA^2 \tag{3.2}$$

方程（3.2）中，C表示资源枯竭型城市中制造业企业的生产成本，K、L和E分别表示制造业企业生产过程中使用资本、劳动力以及自然资源所形成的生产成本，r、w、和m分别代表资本、劳动力以及自然资源在成本函数中的系数。在资源枯竭型城市中，由于落后的生产技术以及低效率的生产模式，制造业企业在经济产出的过程中还会产生大量的环境污染物，从而增加生产成本。本书使用PX表示制造业企业生产排污形成的成本。其中，X表示环境污染物（细颗粒物、二氧化硫等空气污染物以及二氧化碳等温室气体）的排放量，P表示单位污染物排放的平均价格。值得一提的是，资源枯竭型城市中的制造业企业为了提高生产技术，需要付出科研支出等直接成本以及不确定性等潜在成本，并且由于回报周期较长，在技术实现提升之前还会维持原有的排污水平。若技术创新失败，则这些成本可以归入污染排放成本中。因此，本书基于综合考虑，将资源枯竭型城市中制造业企业的技术进步成本与环境污染物的排放量（X）耦合，通过XA^2表示制造业企业为实现技术进步所付出的成本。

在方程（3.1）以及方程（3.2）的基础上，本书可以推导出资源枯竭型城市中制造业企业的利润函数为：

$$\pi = Y - C \tag{3.3}$$

即：

$$\pi = AK^{\alpha}L^{\beta}E^{1-\alpha-\beta} - rK - wL - mE - PX - \frac{\varphi}{2} XA^2 \tag{3.4}$$

（2）环境污染治理企业。环境污染治理企业代表了资源枯竭型城市中与环境污染治理相关的部门。具体来说，环境污染治理企业付出与当地环境污染程度正相关的污染治理成本，并获得与环境污染程度正相关的收益。举例来说，若当地环境污染较为严重，则资源枯竭型城市的地方政府需要花费更大的人力、物力对空气中的环境污染物进行治理，或需要花费更多的精力用来监控制造业企业环境污染物的排放情况。而对于污染物的治理能够使得资源枯竭型城市环境污染减缓，引进更多的优秀人才增加当地的人力资本积累，这些均可以看作对环境污染治理所获得的收益。

本书针对环境污染治理企业的以上特征，对环境污染治理企业的利润函数进行了如下假定：

$$\varpi = PX - \frac{\theta}{2}X^2 \qquad (3.5)$$

方程（3.5）中，X表示环境污染物的严重程度，P表示单位环境污染物的价格，PX表示资源枯竭型城市中环境污染治理企业治理污染所获得的报酬，θ表示环境污染物的系数。需要说明的是，由于在本书的研究框架中，资源枯竭型城市这一经济系统仅由制造业企业和环境污染治理企业构成，因此环境污染治理企业进行环境污染治理所获得的报酬PX与制造业企业生产过程中排放污染物所付出的成本PX相同。本书用环境污染物的平方项来表征环境污染治理部门治理环境污染所付出的成本，旨在说明随着环境污染物浓度的增加，治理环境污染的难度将越来越大。

3.1.2 比较静态分析

根据方程（3.5）的描述，本书对环境污染治理企业的利润函数进行针对环境污染程度X的求偏导处理，以确定最优条件下环境污染程度与单位环境污染物价格之间的关系，结果如下：

$$X = \frac{P}{\theta} \qquad (3.6)$$

可以看出，在方程（3.6）中，环境污染物排放的严重程度与单位环境污染物的价格之间呈现出正相关关系，即环境污染物的排放或环境污染越严重，单位环境污染物的价格就越高。

本书将方程（3.6）中环境污染严重程度与单位环境污染物价格之间的关系代入方程（3.4）中，得到如下待优化方程：

$$\max_{A,\,K,\,L,\,E} \quad AK^{\alpha}L^{\beta}E^{1-\alpha-\beta} - rK - wL - mE - PX - \frac{\varphi}{2}XA^{2} \tag{3.7}$$

考虑到在资源枯竭型城市中，以制造业企业这一代表性企业为表征的资源型产业的生产模式主要是以对当地自然资源的开采、使用为主，自然资源对制造业企业具有非常大的边际效应，因此资源枯竭型城市中制造业企业属于资源密集型产业。相比之下，资本以及劳动力对资源枯竭型城市中制造业企业的边际效应相对较小，甚至可以忽略不计。对于资源枯竭型城市中的资本因素来说，资源枯竭型城市已经经过了繁荣阶段，即将走向衰退阶段，并且资源枯竭型城市的转型非常困难，很容易陷入经济发展停滞的困境之中，因此资本并不会大量进入资源枯竭型城市和扶持资源枯竭型城市中的制造业企业。对于劳动力来说，由于资源枯竭型城市中制造业企业几乎都属于资源密集型企业，技术进步水平低，技术创新的动力不足，同时制造业企业的工资较低，因此大量的人才不会进入资源枯竭型城市中的制造业企业。由于经济发展较为落后，基础设施建设水平不足，资源枯竭型城市人口流入的现象较少，劳动力提供水平相对较为固定。总的来说，在资源枯竭型城市中，资本变量以及劳动力变量对当地制造业企业的边际效用较低，并且较为稳定。有鉴于此，本书将方程（3.7）中的资本 K 以及劳动力 L 视为常数，并对方程（3.7）中的环境全要素生产率 A 以及自然资源 E 分别求偏导后，可以得到如下两组关系式：

$$A = \frac{K^{\alpha}L^{\beta}E^{1-\alpha-\beta}}{P\varphi}\theta \tag{3.8}$$

$$E = \left[\frac{AK^{\alpha}L^{\beta}}{m}(1-\alpha-\beta)\right]^{\frac{1}{\alpha+\beta}} \tag{3.9}$$

由方程（3.8）可知，由于资本 K 和劳动力 L 被视为常数，自然资源使用量 E、单位环境污染的价格 P 在理论模型中均具有对应的经济学含义，同时参数 α、β 和 φ 均在 0~1 的区间范围内，因而环境全要素生产率增长 A 与环境污染物的排放系数 θ 之间存在正相关关系，也就是说，在资源枯竭型城市中，环境污染物的排放系数越高，环境全要素生产率增长也就越快。回顾方程（3.6）中变量的对应关系可以发现，环境污染物的排放系数 θ 使得环境污染物的排放量与单位环境污染物的排放价格呈现出正相关关系。也就是说，对于资源枯竭型城市中的制造业企业来说，在生产过程中多排放环境污染物，生产所需要的边际成本就会增加，从而使得资源枯竭型城市中制造业企业的排污总成本会随着环境污染物排放的增加而呈现出非线性的递增关系。在中国高质量发展、绿色发展以及"双碳"目标的政策导向下，中央政府以及资源枯竭型城市的地方政府会对当地的环境污染水平更加重视，因而资源枯竭型城市地方政府会更加注重当地制造业企业的污染物排放情况（张建鹏和陈诗一，2021）。在以促进资源枯竭型城市转型发展、绿色发展的资源枯竭型城市扶持政策的导向下，地方政府会加强对污染排放企业的环境规制，使得资源枯竭型城市的制造业企业与环境污染相关的总生产成本增加。因此，方程（3.8）中环境全要素生产率增长 A 与污染排放系数 θ 的关系可以解释为随着以绿色发展、转型发展为政策目标的资源枯竭型城市扶持政策对资源枯竭型城市的冲击，使得资源枯竭型城市的环境全要素生产率增长实现了提升。

3.2 资源枯竭型城市扶持政策对环境全要素生产率增长影响的传导机制

前文对资源枯竭型城市经济运行的特征进行了总结，并通过假设一个独立运行的经济系统对资源枯竭型城市的经济增长与环境保护进行了突出与简化。其中，以独立运行的经济系统为表征的资源枯竭型城市包含两个代表性企业，分别是消耗能源、排放污染物的制造业企业和以治理空气污染、保护生态环境为目标的环境污染治理企业。通过对制造业企业以及环境污染治理企业各自效用最大化的表述，以及对二者之间关系的分析，本书使用两部门模型对资源枯竭型城市的经济运行特征进行理论模型的构建与推导，发现转型发展、绿色发展以及高质量发展的资源枯竭型城市扶持政策能够促进环境全要素生产率的提升。

本节在之前理论模型的基础上，结合中国资源枯竭型城市经济运行的现实状况，通过对两部门模型的进一步推导，对资源枯竭型城市扶持政策影响环境全要素生产率增长的传导机制进行了分析，并将传导机制归纳为转型发展效应和污染防控效应两个方面。

3.2.1　转型发展效应

为了检验在资源枯竭型城市中，资源枯竭型城市扶持政策对环境全要素生产率增长影响的转型发展效应，将方程（3.9）代入方程（3.8）中，以消除表示自然资源消耗量的变量 E。在此基础上，本书将资源枯竭型城市中环境全要素生产率增长对资源消耗量求偏导，得到了如下的关系：

$$\frac{\partial A}{\partial m} > 0 \tag{3.10}$$

可以看出，在资源枯竭型城市中，资源消耗量的系数与环境全要素生产率增长之间存在正向的影响关系，即资源消耗量系数的增加会促进环境全要素生产率增长的提升。这一结论为本书对资源枯竭型城市扶持政策——转型发展效应中的产业结构转型升级的研究提供了重要的启示。回顾方程（3.2）中对于 m 的定义可以发现，在资源枯竭型城市的制造业成本函数中，m 作为自然资源消耗量 E 的系数，其对于自然资源 E 的消耗会增加制造业企业的生产成本，如开采所需要耗费的电力成本或者在政府部门禁止、减少开采自然资源时所支付的违约成本等。随着自然资源消耗 E 的系数 m 的增加，资源枯竭型城市中制造业企业对于单位自然资源的开采、加工与使用所需要的成本也在增加。

随着以促进资源枯竭型城市转型发展、高质量发展为政策核心的资源枯竭型城市扶持政策的实施，中央政府通过对资源枯竭型城市进行财力性转移支付，以推动资源枯竭型城市地方政府实现经济增长模式的转型，摆脱对当地自然资源的依赖，实现产业由资源密集型的第二产业向技术密集型的包括服务业在内的第三产业的转型。对于资源枯竭型城市地方政府而言，随着中央政府绿色发展、高质量发展等政策的出台（周沂等，2021），地方政府会根据政策目标，制定符合自身发展实际的具体政策，如通过税收减免、财政补贴等政策手段，促进资源枯竭型城市减少对当地自然资源的依赖，并促进当地与自然资源相关的制造业企业向高技术、高效率、低污染等第三产业转型发展。对于资源枯竭型城市中的制造业企业来说，中央政府的政策导向、财力性转移支付以及地方政府对转型发展政策的具体实施，使得其使用自然资源的成本增加，迫使制造业企业通过产业转型升级的途径，减少自然资源的投入，从而维持企业的利润最大化。制造业企业在产业转型升级的过程中，降低了自然资源的消耗，从而减少了环境污染物的排放。同时，中央政府财力性转移支付对产业转型升级的促进作用会使转型升级后的制造业企业实现更多的经济产出，从而提高资源枯竭型城市的环境全要素生产率增长。

产业转型是城市转型的关键（李虹和邹庆，2018）。资源枯竭型城市扶持政策的实施，能够有效促进资源枯竭型城市经济发展模式的转型。一方面，资源枯竭型城市中以自然资源为主的资源产业部门由于自然资源的枯竭而逐渐进入发展停滞的状态，需要进行转型发展，以摆脱自然资源枯竭对当地经济发展的限制；另一方面，在中国经济转型发展的政策背景下，中央政府对资源枯竭型城市转型发展的政策要求以及对资源枯竭型城市的转移支付，也使得资源枯竭型城市的政府部门有财力与物力去实现当地经济的转型发展，如通过产业政策的引导实现产业由高污染、低效率的资源产业向低污染、高技术的制造业、服务业转型。

另外，自然资源消耗量的系数 m 对环境全要素生产率增长 A 的正向促进作用，可能来源于资源枯竭型城市中技术进步的实现。技术进步、科技研发等是地区经济实现长期、可持续增长的关键因素，也是高质量发展场景下资源枯竭型城市经济与环境协调发展的必备条件。然而，在资源枯竭型城市的发展过程中，丰富的自然资源不仅使得生产技术水平低、高技术人才需求低（邵帅和杨莉莉，2011；张复明和景普秋，2008）、技术创新动力不足（Bartos，2007；邵帅等，2013b）的资源产业部门繁荣，还使得地方政府部门、外商投资等在做决定时均倾向于资源产业部门，挤出了具有高技术的清洁生产部门（Sachs 和 Warner，1999；邵帅等，2013b；邵帅和杨莉莉，2010；徐康宁和王剑，2006），最终使得资源枯竭型城市整体生产技术水平不高，阻碍当地环境全要素生产率增长。

随着资源枯竭型城市扶持政策的实施，资源枯竭型城市中以自然资源消耗为主的制造业企业在使用自然资源进行生产的过程中受到了限制，通过投入自然资源进行生产的成本逐渐变大，从而使得制造业企业的生产利润逐渐减少。为了维持生产利润，制造业企业会通过技术创新等手段，以减少自然资源的投入，同时实现更多的经济产出。随着生产技术的进步以及自然资源消耗的减少，资源枯竭型城市中环境污染物的排放也随之减少，生产技术水平得到提升，总体上表现为环境全要素生产率增长。另外，资源枯竭型城市扶持政策的政策目标以及资金扶持使得与资源相关的制造业企业可以进行更多的技术研发活动（陈爱贞等，2021；刘春林和田玲，2021；刘乐淋和杨毅柏，2021），从而实现生产技术的提高。生产技术的提高使得资源枯竭型城市中以自然资源为主的制造业企业能够利用更少的自然资源创造更多的经济产出，同时排放出更少的二氧化碳、细颗粒物等环境污染物。

3.2.2　污染防控效应

资源枯竭型城市扶持政策还可以通过污染防控效应对环境全要素生产率增长产生影响。作为环境全要素生产率增长的非期望产出，在投入要素与期望产出等其他要素条件不变的情况下，二氧化碳、细颗粒物、废水废气以及其他环境污染物的排放会直接影响环境全要素生产率增长（陈诗一和陈登科，2018；韩超等，2021）。在资源枯竭型城市中，与资源开采、加工等相关的资源型产业最为繁荣。然而，这些产业技术要求不高，产业结构单一，生产效率低下，能耗较高。换句话说，资源枯竭型城市中资源产业虽然为当地的经济增长提供了充足的动力，但是却是以自然资源的大量消耗与浪费、环境的严重污染为代价的，这种经济发展模式是不可持续的。在方程（3.8）的基础上，首先将环境全要素生产率增长对制造业企业的环境污染物排放系数 θ 求偏导，结果见方程（3.11）：

$$\frac{\partial A}{\partial \theta} > 0 \tag{3.11}$$

从方程（3.11）所呈现的结果可以发现，在将环境全要素生产率增长对污染排放系数求偏导后，得到了大于0的结果。回顾方程（3.6）中

θ对于环境污染物排放量与单位环境污染物排放的价格，可以将θ视为资源枯竭型城市扶持政策对当地制造业企业经济产出过程中的环境规制力度，即随着资源枯竭型城市扶持政策的实施，当地政府部门会加大对制造业企业生产过程中环境污染物的排放控制，从而使得当地制造业企业每多排放一单位环境污染物，就要承担更高的环境污染物排放单位成本。这可以说明在其他条件不变的情况下，以环境保护、绿色发展以及高质量发展为政策目标的资源枯竭型城市扶持政策的实施，能够提高资源枯竭型城市制造业企业在生产过程中环境污染物的排放系数，从而促进当地环境全要素生产率增长。具体来说，资源枯竭型城市中制造业企业在生产过程中的非期望产出越大，排放的二氧化碳、细颗粒物等环境污染物也就越多，最终越不利于环境全要素生产率增长。而资源枯竭型城市扶持政策可以通过减少制造业企业经济生产过程中的非期望产出，实现环境全要素生产率增长。具体来说，资源枯竭型城市中资源产业在经济生产过程中，排放的环境污染物、水污染物和固体废弃物等能够对生态环境造成影响，进而影响到资源枯竭型城市中环境全要素生产率增长，而在绿色发展的要求下，资源枯竭型城市的政府部门对于资源产业部门的工业企业生产过程中环境污染物排放的规制，能够促使环境污染物排放减少，最终实现经济发展质量的提升（陈诗一和陈登科，2018；韩超等，2021）。

另外，环境污染物排放系数θ与环境全要素生产率增长的正相关关系也可以来源于地方政府对于当地环境污染的治理与保护。在资源枯竭型城市中，以制造业企业为表征的资源型产业是当地的支柱产业以及主要经济来源，但制造业企业的生产技术较为落后，技术创新动力不足，因而在进行经济产出的过程中，不仅会消耗大量的自然资源，还会排放大量的细颗粒物、二氧化硫等空气污染物以及二氧化碳等温室气体。短期内资源枯竭型城市的地方政府对当地环境污染物的治理能够有效实现生态环境以及空气质量的提升，符合资源枯竭型城市扶持政策中对于绿色发展、可持续发展等的政策要求。另外，鉴于环境全要素生产率增长是由投入要素、期望产出以及环境污染物的排放等非期望产出构成，因此在投入要素以及期望产出不变的情况下，环境污染物等非期望产出的减少同样能够促进环境全要素生产率增长。

在对方程（3.11）进行理论模型推导的基础上，结合资源枯竭型城市实际经济运行情况，可以得到如下结论：在资源枯竭型城市扶持政策实施之前，资源枯竭型城市地方政府部门主要以促进当地经济增长为主。一方面，丰富的自然资源为当地的经济增长提供了充足的动力，资源枯竭型城市中资源产业的繁荣吸引了大量的与资源相关产业的加入与形成，并会促使地方政府部门中的部分官员在制定产业政策的过程中，更加倾向于扶持资源产业部门中的经济产出。另一方面，在以经济增长为主要考核目标的官员考核以及晋升体制下（周黎安，2007），部分具有短视行为的地方政府官员为了在自己较短的任期内实现经济快速增长，以达到晋升等的考核要求，会通过降低对当地资源型产业的环境规制力度等形式形成政企合谋。更有部分地方政府官员采取"逐底竞争"的策略，不惜通过降低环境规制、提供优惠等方式吸引大量的污染企业进入本地，以实现经济总量的快速增长。然而，随着以转型发展以及绿色、可持续发展为目标的资源枯竭型城市扶持政策的实施，以及中国经济向高质量发展转型，资源枯竭型城市地方政府官员在发展经济的过程中，会越来越重视生态环境的保护。在资源枯竭型城市扶持政策的政策作用下，一方面，资源枯竭型城市地方政府部门会加强对当地污染企业经济产出过程中环境污染物排放的规制力度；另一方面，资源枯竭型城市地方政府部门还会通过加大污染治理投资、提高环境污染治理效率等方式降低空气中环境污染物的浓度。因此，污染防控效应中对工业企业污染排放过程中环境规制力度的加强以及对生态环境保护力度的提高，均有利于实现资源枯竭型城市环境污染物的减少，最终实现资源枯竭型城市环境全要素生产率增长。

3.3　本章小结

现有文献并没有研究直接对资源枯竭型城市扶持政策影响环境全要素生产率增长的理论模型的构建与推导进行探讨，而相关的文献也仅从理论层面探讨了资源枯竭型城市扶持政策对经济增长以及社会就业等的影响，或针对"资源诅咒""荷兰病"等进行内生增长模型的构建与分析（Peretto 和 Valente，2011；邵帅等，2022；邵帅和杨莉莉，2011；万建香和汪寿阳，2016）。需要说明的是，在资源枯竭型城市中，与资源相关的制造业企业具有生产技术水平低（Peretto，2012）、技术创新动力不足、生产效率低下、环境污染严重等特点，因而对于细颗粒物、二氧化硫以及二氧化碳等非期望产出关注也是非常必要的。尤其是在中国经济由高速增长向高质量发展转型的过程中，资源枯竭型城市中环境污染物成为全面实现高质量发展以及"双碳"目标的重中之重。然而，现有文献在对资源枯竭型城市相关的经济系统进行理论模型的构建与推导的过程中，往往忽视了自然资源开采、加工以及使用过程中所产生的二氧化碳等温室气体的排放，以及细颗粒物、二氧化硫等空气污染物的排放，更没有文献对资源枯竭型城市扶持政策影响环境全要素生产率增长进行理论模型的构建以及推导。然而，从中国资源型城市以及资源枯竭型城市的现实经验来看，二氧化碳以及空气污染物等环境污染物的排放已经成为中国经济转型发展以及环境全要素生产率增长过程中所必须考虑的问题。为了将二氧化碳以及空气污染物排放等环境因素纳入模型的分析框架，本章在现有文献的基础上，构建了包含制造业企业以及环境污染治理企业的两部门模型，并从理论上探讨了资源枯竭型城市扶持政策对环境全要素生产率增长的影响，最后对资源枯竭型城市扶持政策影响环境全要素生产率增长的传导机制进行了归纳与梳理。

在理论模型的推理与演绎部分，本书将中国资源枯竭型城市的经济运行模型简化为包含制造业企业以及环境污染治理企业的两部门模型，并假设了生产技术、资本、劳动力以及自然资源四种生产要素的投入，对两个部门之间的运行特征及二者之间的联系进行表述。在模型推导的过程中，主要利用比较静态分析的思想对模型中资源枯竭型城市扶持政策影响环境全要素生产率增长进行了求导与分析。

在资源枯竭型城市扶持政策影响环境全要素生产率增长的理论分析部分，结合模型的推导与中国经济运行的现实状况，将资源枯竭型城市扶持政策影响环境全要素生产率增长的传导机制归纳总结为两大部分。第一，转型发展效应。在绿色、可持续发展的政策目标下，地方政府会努力促使资源枯竭型城市的经济增长模式实现转型发展，一方面通过税收优惠、创新补贴等政策措施促使企业实现生产技术的进步与创新（安同良和千慧雄，2021；张杰，2021），另一方面也会通过产业政策的颁布，引导当地与资源开采、加工等相关的企业实现产业的转型与升级（韩永辉等，2017）。本书将技术进步与产业转型升级统称为"转型发展效应"。第二，污染防控效应。与传统的全要素生产率增长的测算方式不同，本书所计算的环境全要素生产率增长包含了对资源枯竭型城市以及其他城市二氧化碳、空气污染物等环境污染物排放的考虑。环境污染物的排放会直接影响环境全要素生产率增长。随着资源枯竭型城市扶持政策的实施，资源枯竭型城市中与资源开采、加工等相关的低效率、高污染企业会抓紧实现绿色转型，最终实现污染物排放的减少，从而实现环境全要素生产率增长。

4 资源枯竭型城市扶持政策对环境全要素生产率增长影响的经验考察

本章在现有文献研究、现状分析以及理论分析的基础上，通过模型构建与变量选取，实证检验资源枯竭型城市扶持政策对环境全要素生产率增长的影响效应，并对理论模型中所得到的资源枯竭型城市扶持政策与环境全要素生产率增长之间的关系进行验证。

4.1 模型设定与数据说明

本章首先对双重差分模型的适用性进行了说明，在此基础上，设定了具体的双重差分模型，并对变量的选取进行说明。在实证得到基准回归结果的基础上，进行了大量的稳健性分析以确保结果的稳健性。最后，对资源枯竭型城市扶持政策影响环境全要素生产率增长的异质性以及动态效应进行了研究。

4.1.1 计量模型设定

在经济学的研究中，文献通常使用双重差分模型对某项政策的实施效果进行评估（Bailey 和 Goodman-Bacon，2015；Beck 等，2010；Card 和 Krueger，2000；McCrary，2007）。双重差分模型能够准确评估政策效果的原因如下：一方面，政策往往是中央政府以及相关部门颁布的，是一种自上而下的政策，具有非常强的外生性，排除了政策变量与结果变量之间互为因果的内生性问题；另一方面，双重差分模型与个体固定效应、时间固定效应相结合，能够有效缓解遗漏重要变量所带来的内生性问题（郭峰，2017；周黎安和陈烨，2005）。更为重要的是，在使用双重差分模型进行政策评估之前，样本中的实验组与对照组需要满足平行趋势假设，也就是说，在政策实施之前，实验组与对照组的结果变量需要呈现出相同的变化趋势。图4-1展示了使用双重差分模型进行政策评估的基本原理。其中，纵坐标表示结果变量，横坐标表示年份，垂直的虚线表示政策实施的时间节点。A 表示受到政策冲击的实验组，B 表示一直未受到政策冲击的对照组。在政策实施之前，实验组与对照组的结果变量的变化趋势要保持一致（平行趋势假设）。在未受到政策实施的影响时，对照组由 B 点变化到 B_1 点，实验组由 A 点变化到 A_1 点。然而，由于受到政策冲击，A 点变化到了 A_3 点，A_1 与 A_3 之间的差异就是政策实施的效果。通过将实验组政策实施前后的差异进行差分（第一重差分），外加将实验组与对照组的差异进行差分（第二重差分），即可得到政策实施对于结果变量的处理效应。

图4-1中对于双重差分模型估计原理的展示可以通过下式表达：

$$y_{it} = \alpha + \theta D_{it} + \beta X_{it} + \mu_i + \gamma_t + \varepsilon_{it} \tag{4.1}$$

方程（4.1）中，下标 i 表示个体，t 表示时间，y 表示结果变量，D_{it} 表示个体 i 在时间 t 是否受到政策 D 的影响，受到影响则 D_{it} 等于 1，没有受到影响则 D_{it} 等于 0。X 表示一系列与结果变量存在影响关系的控制变量，μ_i 表示个体固定效应，γ_t 表示时间固定效应，ε_{it} 表示随机误差项。θ 是本书所关注的系数，表示与未受到政策影响的个体相比，政策的实施会使结果变量平均提高 $\theta\%$。θ 的计算过程可以表达为如下形式：

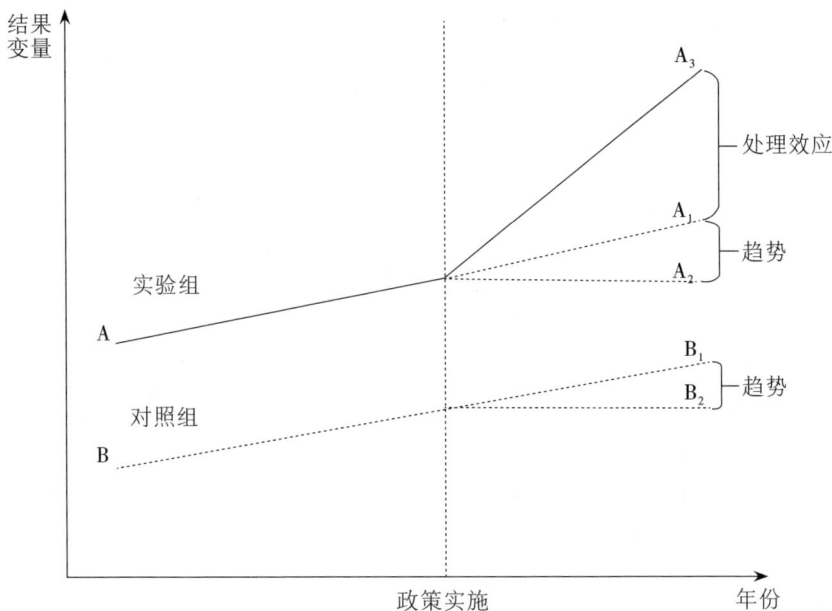

图4-1 双重差分模型示意图

$$\theta = \left\{ E\left[y_1 \middle| D_{it} = 1\right] - E\left[y_1 \middle| D_{it} = 0\right]\right\} - \left\{ E\left[y_0 \middle| D_{it} = 1\right] - E\left[y_0 \middle| D_{it} = 0\right]\right\}$$

$$= (Y_{after} - C_{after}) - (Y_{before} - C_{before}) = (\theta + \mu_i) - \mu_i \qquad (4.2)$$

$$= (Y_{after} - Y_{before}) - (C_{after} - C_{before}) = (\theta + \lambda_t) - \lambda_t$$

方程（4.2）中，$Y_{after} - Y_{before}$ 表示政策实施前后的差异，$C_{after} - C_{before}$ 表示实验组与对照组之间的差异。具体到本书对于资源枯竭型城市扶持政策影响环境全要素生产率增长的研究中来说，考虑到资源枯竭型城市扶持政策在2008年、2009年以及2012年都有实施，为了更加准确、无偏地考察资源枯竭型城市扶持政策对环境全要素生产率增长的影响，参考孙天阳等（2020）的估计思路，构建了如下形式的多期双重差分模型：

$$ETFP_{it} = \alpha_0 + \alpha_1 SREC_{it} + \alpha_2 Control_{it} + \alpha_3 \delta_i + \alpha_4 \gamma_t + \varepsilon_{it} \qquad (4.3)$$

方程（4.3）中，下标i表示城市，t表示年份。$ETFP_{it}$表示城市i在第t年的环境全要素生产率增长。$SREC_{it}$表示城市i在第t年是否实施了资源枯竭型城市扶持政策，若城市i在第t年实施了资源枯竭型城市扶持政策，那么将城市i在第t年及以后的年份的$SREC_{it}$赋值为1，否则赋值为0。$Control_{it}$表示一系列宏观经济变量、产业变量以及天气变量。δ_i表示城市固定效应，γ_t表示年份固定效应，ε_{it}表示随机误差项，α_1是本书重点关注的系数，表示资源枯竭型城市扶持政策的实施对环境全要素生产率增长的影响。

需要说明的是，使用多期双重差分模型对资源枯竭型城市扶持政策以及环境全要素生产率增长之间进行因果关系识别的一个重要前提是选取的样本满足平行趋势假设以及个体处理平稳性假设。具体来说，平行趋势假设指的是在资源枯竭型城市扶持政策实施之前，样本中实施过资源枯竭型城市扶持政策的城市（实验组）与从未实施过资源枯竭型城市扶持政策的城市（对照组），在环境全要素生产率增长的变化趋势上不应该有显著差异。随着资源枯竭型城市扶持政策的实施，实验组与对照组的环境全要素生产率增长的变化逐渐产生差异。鉴于中国部分资源枯竭型城市扶持政策的实施存在时间上的异质性，因此本书通过构建如下模型进行平行趋势检验：

$$\text{ETFP}_{it} = \varphi_0 + \sum \theta \in \{T-2, T-1, T, T+1, T+2\} \varphi_\theta \text{SREC}_{i\theta} + \varphi_1 \text{Control}_{it} + \varphi_2 \delta_i + \varphi_3 \gamma_t + \varepsilon_{it}$$

$$(4.4)$$

方程（4.4）中，下标 i 表示城市，t 表示年份，$\text{SREC}_{i\theta}$ 表示如果城市 i 实施了资源枯竭型城市扶持政策，城市 i 所在年份 t 与资源枯竭型城市扶持政策实施年份的时间间隔 θ，包括资源枯竭型城市扶持政策实施当年（T）、资源枯竭型城市扶持政策实施之前的第一年（T-1）、第二年（T-2），以及资源枯竭型城市扶持政策实施之后的第一年（T+1）、第二年（T+2）。φ_θ 是平行趋势检验中的重要系数，系数显著表示与对照组的结果相比，资源枯竭型城市扶持政策对环境全要素生产率增长的影响在实验组中存在显著差异。

个体处理平稳性假设指的是资源枯竭型城市扶持政策的实施仅影响了实验组的结果变量，而对对照组并没有任何影响，包括直接影响以及溢出效应等间接影响（赵奎等，2021）。借鉴 Clarke（2017）的思路，本书在进行溢出效应检验前需要满足以下几个假设：（1）实验组和对照组之间存在平行趋势；（2）近邻实验组与对照组之间存在平行趋势；（3）允许个体处理平稳性局部成立，即在所有的样本 i 中，允许部分个体观察值的结果变量与是否受到政策的处理效应无关；（4）样本是否会被分配到近邻实验组取决于样本到处理组的距离 D_i（阈值），而一旦距离超过这个阈值，那么外溢效应就会消失；（5）溢出效应随着距离的变化而产生单调变化。其中，满足假设（1）至（4）即可得到一致的估计量。假设（4）通过一个单一的虚拟变量决定样本是否会被分配到近邻实验组，这可以改进为一组虚拟变量：

$$\text{Close}_{it} = \text{Close}_{it}^1 + \text{Close}_{it}^2 + ... + \text{Close}_{it}^K \qquad (4.5)$$

方程（4.5）中，对于所有的 $\forall k = (1，2，3..., K)$ 存在：

$$\text{Close}_{it}^k = \begin{cases} 1, & \text{if}(n-1) \times k \leq D_i \leq k \times h \\ 0, & \text{otherwise} \end{cases} \qquad (4.6)$$

方程（4.6）表明，某个体离实验组的距离 D_i 被切分成 K 等份，每份（相对于每单位）的长度为 h，比如，D_i 为到实验组的地理距离，最小距离和最大距离分别为 0 到 100 千米，h 可设为 5 千米，从而得到 20 个不同的指标 Close_{it}^K，并且 $\forall k = (1，2，3..., 20)$，在这一组虚拟变量中，每个个体 i 在时间 t 内最多只有一个虚拟变量取值为 1。

由于资源枯竭型城市扶持政策的溢出效应可能会对估计结果产生偏误，因此，本书通过设定"溢出稳健–双重差分法"形式的模型来检验资源枯竭型城市扶持政策的溢出效应：

$$\text{ETFP}_{it} = \alpha_0' + \alpha_1'\text{SREC}_{it} + \varphi\text{Close}_{it} + \alpha_2'\text{Control}_{it} + \alpha_3'\delta_i + \alpha_4'\gamma_t + \varepsilon_{it} \qquad (4.7)$$

方程（4.7）中，模型中变量的含义与方程（4.3）相同，Close_{it} 为检验资源枯竭型城市扶持政策的溢出效应而引进的近邻实验组。这种方法主要存在以下两个方面的优势：一方面，模型对外溢的具体形式没有严格限制，实验组的政策效应可以外溢到对照组，溢出效应依赖于到最近实验组的距离；另一方面，模型中存在外溢效应的区域是由最优带宽确定的，避免了人为主观设定对估计结果产生偏误。

4.1.2　指标选取与数据说明

（1）指标选取

将 2003 年设为样本的起始年份，由于数据或指标可得性的原因，选取 2003—2020 年中国 276 个地级及以上城市作为研究样本。指标的选取如下所示：

环境全要素生产率增长（ETFP）。本书使用环境全要素生产率增长来表征中国经济的发展质量。中国经济的持续增长需要更多依赖全要素生产率的提升（汤铎铎等，2020）。基于投入要素持续扩张的粗放式增长方式是不可持续的，只有全要素生产率不断提高的集约型增长模式在长期才是可持续的，这也是判断经济发展方式转变的根本依据（Krugman，1994；Solow，1998）。由于环境全要素生产率增长在传统全要素生产率的基础上进一步考虑了环境副产品（如温室气体、环境污染物排放）这一非期望产出对经济活动形成的约束（王兵等，2010），因此能够更加全面、严谨地反映经济发展质量。在计算环境全要素生产率增长的过程中，为解决生产可行集虚增所带来的效率测算偏误问题（Afsharian 和 Ahn，2015），根据邵帅等（2022）的做法，将环境约束下总体生产可行集设定如下：

$$PPS^o = PPS^1 \cup ... \cup PPS^T \tag{4.8}$$

方程（4.8）中，T 表示各个时期，PPS^o 表示所有时期生产可行集的并集。借鉴 Afsharian 和 Ahn，2015；Pastor 和 Lovell，2005 等对生产可行集的定义，将在环境约束下基于总体技术的非角度、非径向方向距离函数的线性表达式设定如下：

$$\max \quad \beta$$
$$\text{s.t.} \quad \begin{cases} X\lambda + \beta x_k \leqslant x_k \\ Y\lambda - \beta y_k \geqslant y_k \\ B\lambda + \beta b_k \leqslant b_k \\ \lambda \geqslant 0 \\ \sum \lambda = 1 \end{cases} \tag{4.9}$$

方程（4.9）中，β 为通过非角度、非径向方向距离函数求解出来的非效率值，系数 λ 的和为 1，表示规模收益可变（Banker 等，1984）。X、Y、B 分别表示计算环境全要素生产率增长所需的投入要素、期望产出与非期望产出的向量。以资本、劳动以及能源消耗作为投入要素，其中资本用固定资产投资来衡量，劳动用从业人员总量来衡量，能源消耗用全年用电量来衡量（宋马林和刘贯春，2021）；以经济增长作为期望产出；以工业废水排放量、工业二氧化硫排放量（李宝礼等，2020）、细颗粒物浓度以及二氧化碳排放量作为非期望产出，并结合卢恩伯格生产率指标形式（Zhang 和 Choi，2014）计算环境全要素生产率增长。二氧化碳数据来源于Chen等（2020）等的整理，其他变量来源于《中国城市统计年鉴》。

资源枯竭型城市扶持政策（SREC）。资源枯竭型城市扶持政策是虚拟变量，样本城市实施资源枯竭型城市扶持政策的年份赋值为1，没有实施的年份赋值为0。对资源枯竭型城市扶持政策的赋值主要依据国家发展改革委、财政部等单位对各个资源枯竭型城市的评定。

控制变量。根据环境全要素生产率增长的计算过程可以知道，环境全要素生产率增长主要由劳动力、资本、能源投入、经济增长、二氧化碳以及空气污染物的排放等变量构成，因此，环境全要素生产率指标的测算也会受到以上变量的影响。

为了在构建模型的过程中减少因遗漏重要变量所产生的偏误，并且得到更加准确的资源枯竭型城市扶持政策与环境全要素生产率增长之间的因果关系，本书根据环境全要素生产率指标的构成、受影响的因素，对以下几类控制变量进行了控制：

①宏观经济变量。首先，作为环境全要素生产率增长的重要期望产出指标，地区生产总值（地区GDP）的增加能够在其他因素不变的情况下直接促进环境全要素生产率增长，因此对地区生产总值进行了控制。其次，考虑到在转型发展之前，粗放的发展模式以及对经济增速的过度追求使得部分地区的固定资产投资总额（FAI）以及地方财政一般预算内支出（FE）增加，不仅造成了资源浪费、产能过剩、污染加剧等不良后果，还对技术创新形成了挤出效应，这些均抑制了环境全要素生产率增长，因此，对固定资产投资总额以及地方财政一般预算内支出进行了控制。最后，鉴于行政区域土地面积（AR）与自然资源富裕程度、基础设施建设以及绿化面积息息相关，根据文献的普遍做法，对行政区域土地面积进行了控制。

②人口变量（Becker等，1999）。与世界其他国家的资源枯竭型城市不同，中国的资源枯竭型城市人口相对更多，从而使得经济转型以及高质量发展的难度更大。一方面，较多的人口数量为资源枯竭型城市政府带来了更多的财政压力，资源枯竭型城市政府为维持当地居民正常的生活状态，需要投入更多的财政资金用于基础设施建设等；另一方面，

较多的人口数量不仅会产生更多的生活碳排放，其对工业产品巨大的需求量也导致了大量的能源消耗、二氧化碳以及环境污染物的排放，这些因素均不利于资源枯竭型城市环境全要素生产率增长。更为重要的是，无论是"先城后矿"还是"先矿后城"的发展模式，资源枯竭型城市中丰富的自然资源都促使了当地资源产业的异常繁荣，同时吸纳了当地大量的劳动力。随着资源的枯竭，资源枯竭型城市资源产业逐渐衰退，大量劳动力出现工资下降甚至失业等情况，严重危害了社会的稳定，当地政府会投入大量的人力、物力以及财力维持社会安定，这在一定程度上会抑制环境全要素生产率增长。有鉴于此，本书对各个城市的年末总人口（PO）以及人口密度（AP）进行了控制。

　　③技术创新变量。技术创新变量是促进环境全要素生产率增长的重要因素之一。不同地区的技术创新变量存在明显的差异，如东部地区的经济优势一方面不仅吸引了大量的熟练劳动力以及高技术人才（李丁等，2021），其税收优惠、创新补贴等政策也吸引了大量的高技术企业（张杰，2021）；另一方面，东部地区的经济实力也使得当地的绿色技术呈现出自选择效应以及自我强化特征（董直庆和王辉，2021a）。大量的人才与高技术企业会促进东部地区的技术创新活动（孙鲲鹏等，2021），从而快速提升环境全要素生产率增长。为了排除其他因素对技术创新变量及其最终对环境全要素生产率增长的影响，本书控制了各个城市的发明专利授权量（PA），以获得更加纯净的资源枯竭型城市扶持政策对环境全要素生产率增长的影响。

　　④产业变量。工业企业在进行经济产出的过程中伴随着大量的能源消耗以及二氧化碳、细颗粒物等环境污染物的排放（Jorgenson 和 Stiroh，2000），对环境全要素生产率增长起到了抑制作用，而工业生产的技术水平越高，越能减少对环境全要素生产率增长的抑制作用，甚至通过高效率的经济产出促进环境全要素生产率增长。因此，为了剥离不同地区工业企业以及不同生产技术水平工业企业的影响，获得资源枯竭型城市扶持政策对环境全要素生产率增长较为纯净的影响，本书对产业变量进行了控制，具体包括第二产业从业人员比重（SE）、规模以上工业企业数（IE）、规模以上工业总产值（IO）以及全年用电量（EC）。

⑤天气变量。天气变量能够对二氧化碳、雾霾等环境污染物产生影响（Kalisa等，2018），并最终间接影响环境全要素生产率增长。具体来说，降水量的增加能够减少空气中的灰尘以及雾霾，起到净化空气的作用，而气温过高会加速空气中雾霾的扩散。鉴于此，为了排除天气变量对环境全要素生产率增长的影响，本书按照文献的一般经验，控制了平均气温（AT）、平均湿度（AH）、降水量（PR）以及光照强度（LD）。

（2）数据说明

本书中的城市经济变量与工业变量数据来源于《中国城市统计年鉴》，天气变量来源于中国气象局。对于少数缺失值，本书使用插值法补齐。从表4-1对变量的描述性统计中可以发现，环境全要素生产率增长的平均值为0.0039，标准差为0.0504，表明样本中不同城市的经济发展质量存在较大的差异，这为本书对资源枯竭型城市扶持政策与环境全要素生产率增长之间因果效应的识别提供了有利条件；实施资源枯竭型城市扶持政策的样本占所有样本的7.61%，这也为本书使用双重差分模型进行估计提供了充足的实验组样本。

表4-1　　　　　　　　　变量的描述性统计

变量	观察值	平均值	标准差	最小值	最大值
ETFP	4 639	0.0039	0.0504	−0.4376	0.4187
SREC	4 639	0.0761	0.2556	0.0000	1.0000
PO	4 639	430.8000	305.0100	0.0000	3 392.0000
AP	4 639	420.6300	322.2100	4.7000	2 648.1000
地区GDP	4 639	14.669	22.9370	0.3177	281.7900
FAI	4 639	9.2013	12.6040	0.1222	172.4600
FE	4 639	211.0200	393.8100	3.3050	6 918.9000
AR	4 639	1.6318	2.1970	0.0013	25.3360
SE	4 639	43.6500	14.1830	4.4600	84.4000
IE	4 639	0.1155	0.1637	0.0019	1.8792
IO	4 639	22.3960	36.7750	0.0314	324.4500

续表

变量	观察值	平均值	标准差	最小值	最大值
EC	4 639	72.1630	126.9000	0.2248	1 486.0000
PA	4 639	0.2912	0.9436	0.0004	16.5910
AT	4 639	14.3510	5.5338	−2.2000	27.8800
AH	4 639	66.4760	10.7730	29.0000	91.0000
PR	4 639	1 593.2000	2 547.1000	6.9000	2 595.3000
LD	4 639	2 045.6000	550.1000	247.0000	3 672.9000

4.2 实证结果及讨论

4.2.1 基准模型回归结果及讨论

前文通过方程（4.3）估计了资源枯竭型城市扶持政策对环境全要素生产率增长的影响效应，表4-2报告了估计结果。其中，表4-2中第（1）列仅控制了城市固定效应与年份固定效应；第（2）列在第（1）列的基础上增加了宏观经济变量以及产业变量；第（3）列进一步控制了以发明专利获得量为表征的技术进步；第（4）列则同时控制了宏观经济变量、产业变量、技术变量、天气变量、城市固定效应以及年份固定效应。从表4-2的估计结果可以看出，无论控制何种变量，资源枯竭型城市扶持政策对环境全要素生产率增长都表现出显著且稳健的促进效应，这证实了资源枯竭型城市扶持政策的实施有利于实现经济增长、环境保护与要素节约的共赢。具体来说，表4-2中第（4）列的结果显示，相对于未实施资源枯竭型城市扶持政策的样本而言，资源枯竭型城市扶持政策的实施能够显著促进环境全要素生产率增长提高0.74%。相关研究表明，资源型城市一旦被认定为资源枯竭型城市，中央政府就会对这些城市实施资源枯竭型城市扶持政策。一方面，中央财政对资源枯竭型城市财力性转移支付资金的支持，使得资源枯竭型城市以及地方政府有充足的资金保障工业企业在生产过程中实现技术进步，保障产业结构实现向低碳、绿色的转型以及第三产业的升级。另一方面，资源枯竭型城市由于生产技术效率低下、产业结构单一、污染严重以及转型困难，是中国实现经济绿色、高质量发展所需要重点关注的地区，中央政府会加强对资源枯竭型城市的监管，这就会促进资源枯竭型城市环境全要素生产率增长。

表4-2　资源枯竭型扶持政策对环境全要素生产率增长的影响

变量	环境全要素生产率增长			
	（1）	（2）	（3）	（4）
SREC	0.0057***	0.0068***	0.0068***	0.0074***
	（0.0021）	（0.0024）	（0.0024）	（0.0026）
控制变量	控制	控制	控制	控制
城市固定效应	控制	控制	控制	控制
年份固定效应	控制	控制	控制	控制
常数项	0.0098***	0.2591	0.2619	0.4720
	（0.0016）	（0.6639）	（0.6683）	（0.7905）
调整的 R^2	0.9753	0.9765	0.9771	0.9802
观察值	4 639	4 639	4 639	4 639
城市样本数	276	276	276	276

注：***、**、*分别表示在1%、5%、10%的水平上显著，括号内为标准误，所有回归均聚类到城市层面。以下各表同。

从表4-2中第（4）列报告的控制变量系数估计结果来看，第二产业从业人员比重、规模以上工业企业数、规模以上工业总产值以及工业用电量对环境全要素生产率增长表现出显著的抑制效应，这与既有文献的观点一致。从理论层面来说，制造业的生产活动是国民经济增长的主要来源，能够通过产业值的增加推动经济增长。然而，制造业在生产的过程中，不仅需要消耗大量的自然资源，还会导致二氧化碳和空气污染物的大量排放，造成生态环境的破坏以及经济的不可持续发展。由于环境全要素生产率增长的构成指标不仅有地区生产总值，还有能源消耗、二氧化碳以及空气污染物的排放，因此第二产业从业人员比重等产业变量会对环境全要素生产率增长产生抑制作用。从中国经济运行的现实经验来说，中国经济粗放式的发展模式虽然在短期内促进了经济的快速增长，但却是以自然资源的大量消耗与浪费、生态环境的严重破坏为代价的。在中国经济发展模式转型之前，二氧化碳、空气污染物的排放与经济增速呈现出明显的正相关关系（Saboori 和 Sulaiman，2013；Zhang，2011；邵帅等，2017）。另外，以产值增长为主要目标的制造业生产活动也对制造业的科技创新、技术研发形成了挤出效应。制造业一直维持高耗能、高污染以及低效率的生产模式，因此产业变量表现为对环境全要素生产率增长的抑制效应。

固定资产投资总额对环境全要素生产率增长表现出显著的抑制效应。从理论上说，固定资产投资对于环境全要素生产率增长的影响既可以是积极的（宋马林和刘贯春，2021），也可以是消极的。具体来说，固定资产投资对于技术进步的偏向程度决定了其对环境全要素生产率增长的影响。如果建造和购置固定资产、更新生产设备等经济活动是以技术创新、节能减排以及提高生产效率为导向的，那么进行固定资产投资就会使工业企业实现更加高效的生产方式。通过消耗较少的自然资源创造出更多产出，同时排放出更少的二氧化碳以及空气污染物，这些均有助于环境全要素生产率增长。然而，如果进行固定资产投资只是为了扩大再生产、获得短期利润，那么这些重复性的活动不仅不会提高工业企业的生产技术，反而会导致能源消耗增加、生态环境恶化、产能过剩，从而强化粗放式的生产模式。从中国经济的运行经验看来，在改革开放的前三十年，高投资与经济的快速增长具有密切的关系，尤其是在以地区经济增长为主要考核标准的官员晋升体制下，地方政府为了在短期获得大量的经济收益，不仅大量开展基础设施建设，还通过降低环境规制标准等方式吸引外资进入，最终在一定程度上造成了低效的过度投资以及重复投资，导致生态破坏严重，最终影响了环境全要素生产率增长。

地区经济的增长能够显著促进环境全要素生产率增长，可以理解为在样本期间，经济已经开始逐步实现由粗放式发展向低碳、绿色、可持续以及高质量发展转型。除此以外，以发明专利获得量为表征的技术进步也能够在1%的水平上显著促进环境全要素生产率增长，这同样表明技术进步是实现经济与环境协调发展的重要因素。其余变量如年末总人口、人口密度、行政区域面积、地方财政一般预算内支出，以及气温、湿度、降水、日照等天气变量仅影响环境全要素生产率增长的部分指标，影响效应并不显著。

4.2.2 稳健性分析

（1）平行趋势检验

使用双重差分模型进行因果分析的前提条件是样本要满足平行趋势假设，即在资源枯竭型城市扶持政策实施之前，实验组与对照组在环境全要素生产率增长的变化趋势上没有显著差异。为了验证模型的适用性、提高估计结果的准确性，本书使用方程（4.4）进行平行趋势检验。总的来说，估计系数与0没有显著差异，表明实验组与对照组对环境全要素生产率增长的影响是相似的。本书通过平行趋势假设检验，说明使用双重差分模型估计的结果是无偏的。另外，在资源枯竭型城市扶持政策实施当年及以后的年份中，估计系数显著为正，这也为资源枯竭型城市扶持政策促进环境全要素生产率增长提供了经验证据。

（2）溢出效应检验

准自然实验通常依据地理边界来划分实验组和对照组，资源枯竭型城市扶持政策旨在通过对特定资源枯竭型城市的政策扶持以实现转型发展等特定的目标。由于政策的外部性或者个体的策略性迁移决策（主动从对照组地区迁移至实验组地区），实验组和对照组之间可能产生溢出效应（沈坤荣等，2017；赵奎等，2021），即政策处理效果可能会蔓延到近邻的对照组。这种情况违反了双重差分法的个体处理平稳性假设，即不同个体是否受到政策影响是相互独立的，也就是说某一个体受政策影响的情况不得影响其他个体的结果。

为了检验资源枯竭型城市扶持政策是否符合个体处理平稳性假定，本书利用方程（4.7），在控制了控制变量、城市固定效应以及年份固定效应的基础上，采用城市层面的聚类稳健标准误，将最优带宽的搜索范

围限定在 25 以内。从表 4-3 报告的估计结果能够发现，资源枯竭型城市扶持政策并不存在溢出效应。

表4-3　　　　　　　　　　溢出效应检验结果

变量	环境全要素生产率增长	
	（1）	（2）
SREC	−0.0405	0.0401
	（0.0788）	（0.0792）
距离 0~5	−0.0037	0.0026
	（0.0068）	（0.0095）
距离 5~10	0.0662	−0.0327
	（0.0798）	（0.0773）
距离 10~15	0.0204**	0.0237
	（0.0100）	（0.0220）
距离 15~20	−0.0031	0.0012
	（0.0032）	（0.0040）
距离 20~25	−0.0025	0.0051
	（0.0056）	（0.0062）
控制变量	未控制	控制
城市固定效应	控制	控制
年份固定效应	控制	控制
常数项	−0.2268	0.2271
	（0.2816）	（0.6108）
调整的 R^2	0.9422	0.9769
观察值	4 639	4 639
城市样本数	276	276

注：控制变量包括宏观经济变量、产业变量以及天气变量。以下各表同。

（3）安慰剂检验

本书使用双重差分模型进行参数估计，有效降低了模型中存在的内生性问题。同时，控制了城市经济变量、工业变量、天气变量、城市固定效应以及年份固定效应，并将标准误聚类到城市层面。然而，囿于数据的限制，无法控制所有与环境全要素生产率增长相关的重要控制变量，从而可能造成估计结果的偏误。为确保基准回归结果是稳健的，分别通过安慰剂检验、排除政策干扰以及替换模型与变量三种策略进行稳健性检验。

时间层面的安慰剂检验。虽然样本满足平行趋势假设，但是无法识别在资源枯竭型城市扶持政策干预时点之后，实验组和对照组环境全要素生产率增长趋势的变化是否受到其他政策或者随机性因素的干扰。为了排除这种干扰，通过虚构资源枯竭型城市扶持政策实施时间的方式进行安慰剂检验。基于陈刚（2012）、刘瑞明和赵仁杰（2015）的做法，将资源枯竭型城市扶持政策实施时间分别提前1~3年，并进行资源枯竭型城市扶持政策实施时间的安慰剂检验（见表4-4）。

表4-4　　　　　　　　　　　　安慰剂检验

变量	提前1年	提前2年	提前3年
	（1）	（2）	（3）
SREC	0.0053	0.0047	0.0064
	(0.0055)	(0.0060)	(0.0071)
控制变量	控制	控制	控制
城市固定效应	控制	控制	控制
年份固定效应	控制	控制	控制
常数项	0.0371	0.0380	0.0376
	(0.5967)	(0.5991)	(0.5872)
调整的 R^2	0.9691	0.9690	0.9697
观察值	4 639	4 639	4 639
城市样本数	276	276	276

表4-4的结果表明，将资源枯竭型城市扶持政策实施时间提前之后，资源枯竭型城市扶持政策对环境全要素生产率增长的影响在10%的水平上不显著，证明了基准回归结果的稳健性，即资源枯竭型城市扶持政策的实施能够促进环境全要素生产率增长。

空间层面的安慰剂检验。本书借鉴谌仁俊等（2019）、范子英和刘甲炎（2015）以及石大千等（2018）等的思路，通过虚构实验组的方式进行安慰剂检验。具体来说，由于所选取的样本中有69个城市实施了资源枯竭型城市扶持政策，剩余的205个城市没有实施资源枯竭型城市扶持政策，因此从276个城市样本中随机选取69个城市作为实验组，其余城市作为对照组，并利用方程（4.3）进行参数估计。将这一步骤重复500次，并统计了所有的估计系数、标准差以及P值的分布。总的来说，虚构实验组的估计系数集中分布于0附近，并且在10%的水平上不显著，表明虚构的资源枯竭型城市扶持政策实施城市并不能促进环境全要素生产率增长，从而表明基准结果并非受到其他政策或随机因素影响。这同样证明了基准结果是稳健的。

（4）排除政策（环境）干扰

排除政策（环境）干扰。首先，本书排除了政府部门颁布的环境保护政策对估计结果造成的偏误。环境保护政策的实施能够减少工业生产过程中环境污染物的排放以及空气中污染物的浓度，减少环境全要素生产率增长中的非期望产出指标，从而促进环境全要素生产率增长。环境保护政策可以作为资源枯竭型城市影响环境全要素生产率增长的替代性假说（范庆泉，2018）。随着中国政府对空气污染问题的重视以及处罚的加重，高能耗、高污染以及低效率的工业企业都会通过设备更新、生产技术进步以及产业结构升级等途径提高生产效率，即在同等投入或期望产出的情况下尽可能减少环境污染物的排放，这会造成对资源枯竭型城市扶持政策促进环境全要素生产率增长的高估。为了排除环境保护政策对结果产生的偏误，本书排除了环境保护政策执行最为严格的"2+26"座城市，并将结果呈现在表4-5第（1）列中，可以发现，在排除了环境保护政策的影响之后，资源枯竭型城市扶持政策对环境全要素生产率增长的促进作用仍然显著。

其次,二氧化碳排放是计算环境全要素生产率增长中重要的非期望指标,政策对二氧化碳排放的影响可以左右环境全要素生产率增长的计算结果,进而对资源枯竭型城市扶持政策影响环境全要素生产率增长的效果形成偏误。中国的碳排放权交易试点政策是直接影响二氧化碳以及细颗粒物等环境污染物排放量最具有代表性的政策(董直庆和王辉,2021b;Li 等,2021;邵帅和李兴,2022),能够实现经济增长与环境保护的双赢(张宁和张维洁,2019)。本书在表4-5第(2)列中排除了所有的碳排放权交易市场试点并进行回归。由于低碳城市试点政策是政府部门为了从工业生产、居民生活等各个方面实现低碳而颁布的政策,因此同样能够影响到二氧化碳以及细颗粒物等环境污染物的排放(宋弘等,2019)。本书在表4-5第(3)列中排除了历年的低碳城市试点,并对资源枯竭型城市扶持政策影响环境全要素生产率增长的效应进行估计。从表4-5第(2)、(3)列报告的结果可以看出,无论排除碳排放权交易市场试点还是低碳城市试点,资源枯竭型城市扶持政策仍然能够显著促进环境全要素生产率增长。

表4-5 稳健性分析:排除环境政策

变量	排除重污染区域	排除碳排放权交易市场试点	排除低碳城市试点
	(1)	(2)	(3)
SREC	0.0067**	0.0062**	0.0060**
	(0.0026)	(0.0026)	(0.0025)
控制变量	控制	控制	控制
城市固定效应	控制	控制	控制
年份固定效应	控制	控制	控制
常数项	0.0728	0.0812	0.0685
	(0.1692)	(0.3675)	(0.4419)
调整的 R^2	0.9798	0.9809	0.9867
观察值	4 149	4 010	3 636
城市样本数	249	239	216

排除政府部门其他政策干扰。首先，排除了省级政府对省会城市的偏好。考虑到省会城市是省份的政治中心，集中了大量的政治与生产资源，并且代表了一个省的整体形象。出于做好领头羊的目的或是对政策实施效果的保障，省级政府通常会集中利用更多资源优先保障政策在省会城市的顺利实施以及目标的完成（Li等，2021）。尤其是在经济高质量发展以及"双碳"政策目标指引下，政府对于省会城市、直辖市的政策偏好会造成对资源枯竭型城市扶持政策影响环境全要素生产率增长效果的高估。表4-6第（1）列报告了排除省会城市与直辖市之后的结果，发现资源枯竭型城市扶持政策仍然能够显著促进环境全要素生产率增长。

表4-6　　　　　稳健性分析：排除其他政策的干扰

变量	排除省会城市与直辖市	排除区域联防联控政策	排除创新型城市
	（1）	（2）	（3）
SREC	0.0058**	0.0159***	0.0062**
	(0.0026)	(0.0022)	(0.0026)
控制变量	控制	控制	控制
城市固定效应	控制	控制	控制
年份固定效应	控制	控制	控制
常数项	-0.0594	0.7625	0.5481
	(0.3684)	(0.7685)	(0.6698)
调整的 R^2	0.9813	0.9800	0.9872
观察值	4 154	2 766	3 844
城市样本数	247	165	229

同时，排除了联防联控等环境协同治理政策的影响。资源枯竭型城市扶持政策不仅可以提升当地环境全要素生产率增长，在城市群等区域共同发展战略下，还可以通过技术扩散、辐射效应等途径提高周边省份的环境全要素生产率增长。为了消除联防联控等政策的影响，本书排除了与资源枯竭型城市扶持政策实施城市接壤的其他省份。表4-6第

（2）列报告的结果显示，在排除区域联防联控政策的干扰后，资源枯竭型城市扶持政策对环境全要素生产率增长的促进作用仍然在1%的水平上显著。

最后，本书排除了创新型城市这一"城市品牌"效应对环境全要素生产率增长的影响（宋弘等，2019；Caragliu和Del Bo，2019）。由国家发展改革委、科技部等部门评选的创新型城市这一"城市品牌"是对地方政府在低碳以及技术创新方面的肯定，极大激发了地方政府获得这些"城市品牌"的动力。为了获得这些称号，地方政府会通过颁布政策措施等途径进行针对性的碳减排活动或技术创新活动，因此，"城市品牌"也造成了对资源枯竭型城市扶持政策促进环境全要素生产率增长结果的高估。本书在表4-6第（3）列剔除了获得"创新型城市"称号的城市后发现，资源枯竭型城市扶持政策的实施仍然能够显著促进环境全要素生产率增长。

（5）替换模型与变量

为了消除变量选择、模型设置过程中存在的主观偏差，本书通过替换变量与模型的方式进行稳健性检验。

替换参数估计模型与样本。在更换模型方面，考虑到资源枯竭型城市扶持政策的实施存在自选择效应，即政府部门在选择资源枯竭型城市的过程中并不是随机的，而是城市本身已经出现自然资源枯竭、经济发展停滞以及失业率提升等情况，因而导致资源枯竭型城市扶持政策的非随机性。为了排除自选择效应对结果产生的影响，在表4-7第（1）列中使用倾向得分匹配与双重差分模型结合的方法重新估计了资源枯竭型城市扶持政策对环境全要素生产率增长的影响效应。可以看出，在排除了自选择效应的影响后，资源枯竭型城市扶持政策对环境全要素生产率增长的促进作用仍然在1%的水平上显著。另外，为了控制随年份变化的不同省份特征对结果造成的影响，表4-7第（2）列控制了省份固定效应与年份固定效应的交互项。表4-7第（2）列的结果表明，在模型中增加省份固定效应以及年份固定效应的交乘项之后，资源枯竭型城市扶持政策对环境全要素生产率增长的影响仍然显著为正。

表4-7 稳健性分析：更换模型与样本

变量	PSM-DID	增加固定效应交互项	保留资源枯竭型城市样本
	（1）	（2）	（3）
SREC	0.0076***	0.0066**	0.0271***
	（0.0025）	（0.0026）	（0.0006）
控制变量	控制	控制	控制
城市固定效应	控制	控制	控制
年份固定效应	控制	控制	控制
省份与年份固定效应交互项	—	控制	—
常数项	0.1389	0.1825	0.0461
	（0.2542）	（0.3489）	（0.3758）
调整的 R^2	0.9758	0.9766	0.9781
观察值	4 247	4 639	3 073
城市样本数	276	276	183

需要说明的是，与传统双重差分模型所使用的样本不同，本书中资源枯竭型城市的评定以及资源枯竭型城市扶持政策的实施，均是在中国262个资源型城市样本的基础上进行的。也就是说，非资源型城市的样本一定不会实施资源枯竭型城市扶持政策。样本中存在的非资源型城市样本可能会对估计结果造成偏误，为了更加准确地估计资源枯竭型城市扶持政策与环境全要素生产率增长之间的因果关系，本书剔除了所有的非资源型城市的样本，并通过262个资源型城市样本进行参数估计。从表4-7第（3）列报告的结果可以看出，在剔除了非资源型城市的样本之后，资源枯竭型城市扶持政策仍然能够在1%的显著性水平上促进环境全要素生产率增长的提升，并且作用效果超过基准回归中全样本效果的两倍，从而证实了资源枯竭型城市扶持政策对环境全要素生产率增长的促进作用。

　　替换变量。首先，本书对资源枯竭型城市的变量进行了重新设定。在指标选取与数据说明部分，对资源枯竭型城市的认定主要是城市层面，也就是说，虽然某一地区在城市层面没有被选为资源枯竭型城市，但是只要其包含的地区出现资源枯竭型地区，就将这一城市视为资源枯竭型城市。这种认定方法虽然能够很好地在城市层面分析资源枯竭型城市扶持政策对环境全要素生产率增长的影响，但是也有不足之处，如伊春市在2008年被列入第一批资源枯竭型城市，其下辖的嘉荫县和铁力县在2012年被列入第三批资源枯竭型城市，如果按照之前对资源枯竭型城市的认定方法，那么前后两次资源枯竭型城市扶持政策对伊春市环境全要素生产率增长的影响将难以剥离。因此，为了检验基准回归结果的稳健性，本部分排除了属于"资源枯竭型县"以及"资源枯竭型地区"的样本，仅使用属于"资源枯竭型城市"的样本进行参数估计，估计结果见表第（1）列。从表4-8第（1）列报告的结果可以看出，在排除了属于县、地区的样本之后，资源枯竭型城市扶持政策对环境全要素生产率增长的促进作用仍然在1%的水平上显著。

表4-8　　　　　　　　　稳健性分析：更换变量

变量	排除市辖区样本	更换ETFP计算方法	更换ETFP构成指标
	（1）	（2）	（3）
SREC	0.0076***	0.0061**	0.0458***
	(0.0025)	(0.0024)	(0.0008)
控制变量	控制	控制	控制
城市固定效应	控制	控制	控制
年份固定效应	控制	控制	控制
常数项	0.3458	0.3454	0.4785
	(0.4182)	(0.5532)	(0.6844)
调整的 R^2	0.9719	0.9728	0.9788
观察值	4 639	4 639	4 639
城市样本数	276	276	276

其次，本书对环境全要素生产率增长的测算方法进行了替换。在计算环境全要素生产率增长的过程中，主要借鉴了 Afsharian 和 Ahn (2015) 的思路，取了所有时期前沿面的并集作为总的前沿面，这样既避免了前沿面设定过程中虚增可行域的问题，又能更加精确地对效率进行测算。为了避免前沿面设定对环境全要素生产率增长的测算造成偏误，进而影响资源枯竭型城市扶持政策对环境全要素生产率增长的影响，通过对前沿面设定提出的 Gobal 方法进行环境全要素生产率增长的测算，并使用新的环境全要素生产率增长指标进行系数估计。从表4-8第（2）列报告的结果可以发现，在更换了环境全要素生产率增长的测算方法后，资源枯竭型城市扶持政策仍然能够显著促进环境全要素生产率增长。

最后，本书替换了环境全要素生产率增长的构成指标。在测算环境全要素生产率增长的过程中，所用到的细颗粒物浓度数据来源于加拿大达尔豪斯大学大气成分分析组利用卫星数据测算的结果。为了避免细颗粒物浓度数据的测算偏差对基准回归结果造成影响，在环境全要素生产率增长计算的过程中，使用了哥伦比亚大学利用卫星数据对中国各个城市 2003—2020 年细颗粒物浓度测算的结果。表4-8第（3）列报告了更换环境全要素生产率增长构成指标后，资源枯竭型城市扶持政策对其的影响。从结果可以看出，资源枯竭型城市扶持政策仍然能够显著促进环境全要素生产率增长。

4.2.3 进一步分析

（1）异质性分析

中国的资源枯竭型城市在资源枯竭类型、经济发展状况等方面不尽相同，并且资源枯竭型城市扶持政策对环境全要素生产率增长的影响也会随着经济发展水平、人口规模以及资源类型的不同而表现出差异。要顺利实现资源枯竭型城市的转型以及经济的高质量发展，就必须根据资源枯竭型城市的经济发展程度、人口规模以及资源枯竭类型等因地制宜地实施政策。因此，本章通过地区、人口、资源枯竭类型等不同层面的异质性分析，进一步考察了资源枯竭型城市扶持政策对环境全要素生产率增长影响的差异。

　　首先，表4-9从区域异质性的角度考察了资源枯竭型城市扶持政策对环境全要素生产率增长的影响。东部地区经济发展水平最高，城市基础设施建设等较为完善；中部地区在经济发展水平、基础设施建设等方面均低于东部地区；西部地区经济发展程度以及基础设施建设完善程度最低。从表4-9报告的结果可以发现，资源枯竭型城市扶持政策在中、西部地区能够显著促进环境全要素生产率增长，而在经济发达、基础设施建设较为完善的东部地区反而影响效应不显著。本书认为，在"资源诅咒"效应下，与东部地区相比，中、西部地区的经济发展情况不容乐观，而以中央政府财力性转移支付为主要手段的资源枯竭型城市扶持政策的实施，能够缓解中、西部地区资源枯竭型城市政府部门的财政压力，能够使得地方政府有充足的资金进行产业结构的转型升级以及生产技术进步，具有更高的边际效应。而东部地区的经济较为发达，基础设施较为完善，因此资源枯竭型城市扶持政策在东部地区的边际效应较低。

表4-9　　　　　　　　　　异质性分析：不同地理区域

变量	东部地区	中部地区	西部地区
	（1）	（2）	（3）
SREC	0.0081	0.0048***	0.0066***
	（0.0068）	（0.0009）	（0.0010）
控制变量	控制	控制	控制
城市固定效应	控制	控制	控制
年份固定效应	控制	控制	控制
常数项	0.3857	−0.3758	0.1678
	（1.5717）	（0.4328）	（0.2259）
调整的 R^2	0.9522	0.9721	0.9459
观察值	1 651	1 657	1 331
城市样本数	98	98	80

与国外资源枯竭型城市的转型过程不同，中国资源枯竭型城市人口更多，转型难度更大。为了考察在不同人口规模的城市中，资源枯竭型城市扶持政策对环境全要素生产率增长影响的异质性（王峤等，2021），本书按照人口规模是否超过100万人，将样本城市划分为大城市和中小城市并进行回归，回归结果呈现在表4-10当中。从表4-10报告的结果来看，资源枯竭型城市扶持政策能够促进人口规模不足100万人的中小城市环境全要素生产率增长，而对人口规模超过100万人的大城市的环境全要素生产率增长的促进作用不显著。可能的原因如下：在人口规模大的城市，地方政府需要拿出更多的中央财政资金加强基础设施等的建设，以保障当地居民的幸福感、获得感，更为重要的是，在资源枯竭型城市中，人口规模大也就意味着从事资源型产业的劳动力多。随着资源的枯竭，"僵尸企业"以及失业率的增加导致了资源枯竭型城市中经济与社会的不稳定因素。为了缓解就业压力，实现经济社会的稳定发展，当地政府仍然会拿出大部分中央财政资金对"僵尸企业"进行长期援助，这不仅使得这些低效率的企业不能退出市场（熊志军，2001），还挤出了其他高效率企业的技术创新活动，同时抑制了产业结构的转型与升级，最终表现为资源枯竭型城市扶持政策对大城市环境全要素生产率增长的促进作用并不显著。

表4-10　　　　　　　　　　异质性分析：不同城市规模

变量	中小城市	大城市
	(1)	(2)
SREC	0.0349***	0.0124
	(0.0033)	(0.1568)
控制变量	控制	控制
城市固定效应	控制	控制
年份固定效应	控制	控制
常数项	-0.0455	0.6872

续表

变量	中小城市	大城市
	(1)	(2)
常数项	(0.4328)	(0.9864)
调整的 R^2	0.9587	0.9773
观察值	3 544	1 095
城市样本数	211	65

由于样本中的资源枯竭型城市在资源枯竭类型、要素禀赋、转型方式上存在巨大的差异,因此资源枯竭型城市扶持政策以及中央政府的资金扶持对不同类型的资源枯竭型城市环境全要素生产率增长的影响可能存在差异。为了识别资源枯竭型城市扶持政策对不同资源类型的资源枯竭型城市环境全要素生产率增长的影响,本书将样本中的资源枯竭型城市按照资源类型进行了分类,包括煤炭、森工、冶金以及石油与其他四种类型。从表4-11报告的结果可以看出,资源枯竭型城市扶持政策均能够促进不同类型资源枯竭型城市环境全要素生产率增长的提升,但是在显著性上存在差异。资源枯竭型城市扶持政策能够显著促进煤炭和石油类型的资源枯竭型城市环境全要素生产率增长。可能的解释为,以煤炭、石油为主的资源枯竭型城市不仅只有资源的开采行业,也可能有以煤炭、石油等资源为基础进行生产的行业企业组成的产业链,资源枯竭型城市扶持政策能够促使以煤炭、石油为主的资源枯竭型城市依托之前的工业基础,实现向产业链下游的延伸,从而有效实现产业的转型级,最终实现环境全要素生产率增长。相比较而言,资源枯竭型城市扶持政策对以森工、冶金为主的资源枯竭型城市环境全要素生产率增长的促进作用在1%的显著性水平上并不显著,可能的原因是森林工业本身就是以树木为主,丰富的森林资源将生产过程中的二氧化碳、空气污染物大量吸收,从而使得资源枯竭型城市扶持政策对二氧化碳以及空气污染物的边际效应降低。

表4-11 　　　　　　　　　　异质性分析：不同资源枯竭类型

变量	煤炭	森工	冶金	石油与其他
	(1)	(2)	(3)	(4)
SREC	0.0268***	0.0147*	0.0061*	0.0089***
	(0.0011)	(0.0079)	(0.0032)	(0.0001)
控制变量	控制	控制	控制	控制
城市固定效应	控制	控制	控制	控制
年份固定效应	控制	控制	控制	控制
常数项	−0.8654	0.3577	0.0857	08587
	(0.7282)	(0.7582)	(0.0777)	(1.4657)
调整的 R^2	0.9637	0.9550	0.9052	0.9828
观察值	1 188	498	427	1 430
城市样本数	136	52	46	28

（2）动态效应分析

本书除了对资源枯竭型城市扶持政策影响环境全要素生产率增长的处理效应（平均效应）进行检验，还对资源枯竭型城市扶持政策影响环境全要素生产率增长的动态效应进行了分析。资源枯竭型城市扶持政策从制定到具体实施，再到发挥作用，需要一定的时间间隔，如地方政府对资源枯竭型城市扶持政策的熟悉需要一定的时间，并且中央财力性转移支付对资源枯竭型城市的投入需要一段时间才能起到应有的作用。为了检验资源枯竭型城市扶持政策影响环境全要素生产率增长的动态效应，将方程（4.3）中的平均效应分解到资源枯竭型城市扶持政策实施后的每一个年份，这样就得到了方程（4.10）。预期方程（4.10）中的系数会随着时间的推移逐渐呈现越来越显著的影响效应。

$$ETFP_{it} = \alpha_0 + \alpha_1 \sum_{j=2008}^{2020} \beta_j SREC_{it} + \alpha_2 X_{it} + \alpha_3 \delta_i + \alpha_4 \gamma_t + \varepsilon_{it} \qquad (4.10)$$

方程（4.10）中，β_j表示资源枯竭型城市扶持政策影响环境全要素生产率增长的平均效应分解到每个年份之后的动态效应。其他变量的含义与方程（4.3）相同。

从表4-12报告的动态效应结果可以看出，总的来说，2008年资源枯竭型城市扶持政策正式实施之后，随着时间的推移，资源枯竭型城市扶持政策对环境全要素生产率增长的促进作用逐年递增。2008年，资源枯竭型城市扶持政策对环境全要素生产率增长的影响效应不显著，可能的原因是资源枯竭型城市扶持政策刚刚实施，地方政府需要一定的时间去理解、消化以及运用这项政策。另外，资源枯竭型城市扶持政策也可能处于实施阶段，如正在进行基础设施建设以及处于产业结构的转型升级过程中，政策效果并没有完全显现。更重要的原因是，中央政府对资源枯竭型城市的财力性转移支付是2009年才开始的，因此在2008年虽然资源枯竭型城市扶持政策已经实施，但是地方政府并没有财力促进当地产业结构的转型升级以及经济的转型发展。随着2009年中央政府对资源枯竭型城市政府的财力性转移支付，当地政府才能够通过财政以及产业政策等手段着手促进产业结构的转型升级以及经济的转型发展（韩永辉等，2017）。从2009年到2020年，资源枯竭型城市扶持政策对环境全要素生产率增长的促进作用越来越强。可能的解释如下：一方面，资源枯竭型城市扶持政策确实能够促进环境全要素生产率增长，并且随着政策措施等的不断完善，资源枯竭型城市扶持政策能够发挥出越来越大的促进作用；另一方面，在资源枯竭型城市扶持政策实施初期，产业结构、经济增长模式等都处于转型的初始阶段，政策效果并没有完全展现。随着时间的推移，越来越多的资源枯竭型城市逐渐进入转型发展的深化阶段，甚至完成了经济发展的转型，因而资源枯竭型城市扶持政策能够在政策实施的后半段对环境全要素生产率增长发挥出越来越大的促进作用。

表4-12 动态效应分析结果

变量	环境全要素生产率增长	
	（1）	（2）
2008—2009	−0.0182	0.0187
	（0.0978）	（0.0971）
2010—2015	0.0345***	0.0351***
	（0.0028）	（0.0034）
2016—2020	0.4225***	0.4198***
	（0.0024）	（0.0022）
控制变量	未控制	控制
城市固定效应	控制	控制
年份固定效应	控制	控制
常数项	−0.3422	0.1752
	（0.2994）	（0.2273）
调整的 R^2	0.9621	0.9746
观察值	4 639	4 639
城市样本数	276	276

4.3 本章小结

本章首先使用Afsharian和Ahn（2015）提出的总体方法对前沿面进行更加准确的设定，并通过DEA方法对所有城市历年的环境全要素生产率增长进行了更为精准的测算。在此基础上，使用2003—2020年中国276个地级及以上城市的面板数据，通过多期双重差分模型，在缓解内生性的基础上就资源枯竭型城市扶持政策对环境全要素生产率增长的影响效应予以实证检验。

本章的主要结论如下：

（1）对于环境全要素生产率增长的测算表明，除了重大国家战略的影响，中国的环境全要素生产率增长呈现出上升趋势，说明中国经济的发展模式正在由粗放式发展逐渐转变为高质量发展。

（2）基准回归结果表明，无论控制何种变量，资源枯竭型城市扶持政策都能够显著促进环境全要素生产率增长，这证实了资源枯竭型城市扶持政策有利于资源枯竭型城市的转型发展以及中国经济的高质量发展。稳健性分析证实了基准回归的结果是稳健的、令人信服的。

（3）从控制变量的角度来说，第二产业从业人员比重、规模以上工业企业数、规模以上工业总产值以及工业用电量等控制变量对环境全要素生产率增长方面表现出显著的抑制效应，这是由于工业企业生产过程中能源的大量消耗以及二氧化碳、空气污染物的大量排放，同时也表明制造业部门需要加强生产过程中的技术进步。固定资产投资总额同样对环境全要素生产率增长表现出显著的抑制效应，说明在样本期间，固定资产投资仍然是偏向重复生产而非技术进步。

（4）进一步分析表明，资源枯竭型城市扶持政策能够更加有效地促进中西部地区、中小城市以及以煤炭和石油资源为主的资源枯竭型城市环境全要素生产率增长。主要原因在于中央政府的扶持资金在中西部等经济落后的地区、人口较少的城市能够发挥出更加有效的转型促进作用；而对于以煤炭、石油为主的资源枯竭型城市，资源枯竭型城市扶持政策可以推动这些城市顺利向产业链的下游转移，实现产业结构的转型升级。本章还进一步考察了资源枯竭型城市扶持政策影响环境全要素生产率增长的动态效应以及溢出效应。动态效应显示，随着时间的推移，资源枯竭型城市扶持政策对环境全要素生产率增长具有越来越强烈的促进作用。

5 资源枯竭型城市扶持政策对环境全要素生产率增长影响的传导机制检验：基于转型发展效应的视角

在第四章基准回归的基础上，本章结合理论模型推导得到的结论，利用中介效应模型，对资源枯竭型城市扶持政策影响环境全要素生产率增长过程中转型发展效应所发挥的机制作用进行实证检验。本章首先对中介效应模型的适用性进行了说明，并在此基础上设定了用于研究转型发展效应的中介效应模型以及相关的变量设定。通过中介效应模型，本章不仅检验了转型发展效应中产业结构转型升级以及生产技术进步在资源枯竭型城市扶持政策影响环境全要素生产率增长过程中发挥的机制作用，还对结果的稳健性进行了稳健性分析。

5.1 研究设计

实现节能减排、高质量发展的根本途径是产业结构调整，关键所在是科学技术的进步（解振华，2008）。丰富的自然资源使得资源枯竭型城市形成了以传统自然资源开采、加工为主的发展模式，是一种资源密集型经济模式。这种发展模式导致了资源枯竭型城市的产业结构单一，生产技术和效率水平较低（Suocheng 等，2007）。同时，随着资源的枯竭，资源枯竭型城市经济状况落后，面临着承担产业升级、技术进一步、环境保护以及生态修复等方面的巨大财政压力，需要中央政府的政策引导和转移支付。在绿色、协调、可持续的高质量发展政策目标的推动下，以及在中央政府对资源枯竭型城市转型发展的具体要求下，地方政府将利用中央政府的转移支付进行产业转型升级、生产设备更新，并培训相关技术人员。资源枯竭型城市政府可以通过改进生产技术或建立与资源消耗无关的新产业，缓解甚至避免资源枯竭造成的经济停滞，从而实现资源枯竭型城市新的增长极。

生产技术的改进将在生产相同产品的前提下使用更少的资源，排放更少的二氧化碳，而产业转型升级则意味着资源枯竭型城市将由碳排放占主导地位的第一、第二产业向碳排放较少的第三产业转型，从而实现整体碳减排。Wang 等（2019）认为资源依赖不利于产业结构的合理化和提升，间接影响碳排放效率。他们认为，资源型地区应把提高排放效率、挖掘减排潜力作为低碳转型的首要任务。通过促进产业结构转型，资源枯竭型城市可以获得可持续发展和碳排放效率的双重红利。Tai 等（2020）研究了以煤炭为主的资源枯竭型城市，发现以煤炭开采为驱动的发展模式下的工业烟尘排放是造成生态脆弱性的主要原因，提出了实施技术创新和调整产业结构的政策建议。资源枯竭型城市要成功实现经济转型，必须进行战略创新，包括发展目标创新、产业结构多元化、转变传统增长方式、技术创新等。为了研究产业结构升级与技术创新的机制作用，本书利用中介效应模型（温忠麟和叶宝娟，2014），从转型发展效应的视角出发，专门对资源枯竭型城市扶持政策影响环境全要素生产率增长的作用机制进行深入分析。

5.1.1 基准模型回归结果及讨论

在利用双重差分模型对自变量与因变量之间的因果效应进行识别的过程中，如果自变量通过影响某一个中间变量进而对因变量产生影响，那么这个中间变量就是自变量影响因变量过程中的机制变量（温忠麟和叶宝娟，2014）。为了识别机制变量在自变量影响因变量过程中所产生的作用，本书借鉴温忠麟和叶宝娟（2014）的估计思路，使用中介效应模型对资源枯竭型城市扶持政策影响环境全要素生产率增长过程中机制变量的作用进行识别。图5-1展示了中介效应模型的原理。

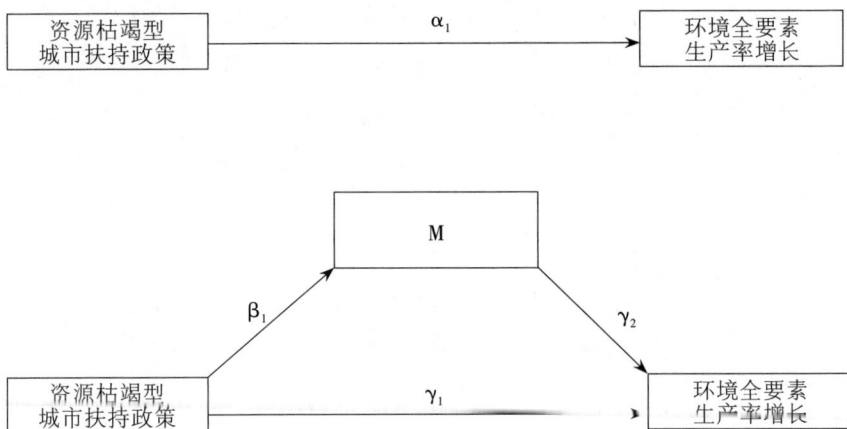

图5-1　中介效应模型示意图

图5-1中，箭头表示影响传递的方向。在图5-1的上半部分中，α_1表示在不考虑机制变量的情况下，资源枯竭型城市扶持政策能够显著影响环境全要素生产率增长，与本书的基准回归模型一致；而图5-1的下半部分则考察了机制变量M的作用。具体来说，随着机制变量的加入，资源枯竭型城市扶持政策对环境全要素生产率增长的影响会出现两种情况。在第一种情况中，资源枯竭型城市扶持政策能够显著影响机制变量，此时β_1表现为统计显著。同时，机制变量也能够显著影响环境全要素生产率增长，此时γ_2表现为统计显著，而资源枯竭型城市扶持政策对环境全要素生产率增长的影响不再显著，γ_1表现为统计不显著。这种情况属于完全中介效应，意味着资源枯竭型城市扶持政策的影响完全通过作用于机制变量M传导至环境全要素生产率。在第二种情况中，资源枯竭型城市扶持政策能够显著影响机制变量，此时β_1表现为统计显著，机制变量能够显著影响环境全要素生产率增长，γ_2表现为统计显著。然而，随着机制变量M的加入，资源枯竭型城市扶持政策对环境

全要素生产率增长的影响虽然显著（此时 γ_1 表现为统计显著），但是其影响程度小于 α_1，这种情况属于部分中介效应，即资源枯竭型城市扶持政策对环境全要素生产率增长的影响有一部分是通过影响机制变量 M 作用于环境全要素生产率增长的。

为了检验资源枯竭型城市扶持政策影响环境全要素生产率增长的中介效应，本书根据以上分析，构建出了如下中介效应模型：

$$ETFP_{it} = \alpha_0 + \alpha_1 SREC_{it} + \alpha_2 Control_{it} + \alpha_3 \mu_i + \alpha_4 \lambda_t + \varepsilon_{it} \tag{5.1}$$

$$M_{it} = \beta_0 + \beta_1 SREC_{it} + \beta_2 Control'_{it} + \beta_3 \mu_i + \beta_4 \lambda_t + \varepsilon_{it} \tag{5.2}$$

$$ETFP_{it} = \gamma_0 + \gamma_1 SREC_{it} + \gamma_2 M_{it} + \gamma_3 Control_{it} + \gamma_4 \mu_i + \gamma_5 \lambda_t + \varepsilon_{it} \tag{5.3}$$

在方程（5.1）至方程（5.3）中，下标 i 表示城市，t 表示年份；$ETFP_{it}$ 表示城市 i 在第 t 年的环境全要素生产率增长，$SREC_{it}$ 表示城市 i 在第 t 年是否实施了资源枯竭型城市扶持政策，实施则 $SREC_{it}$ 等于 1，没有实施则 $SREC_{it}$ 等于 0，$Control_{it}$ 表示一系列与环境全要素生产率增长、机制变量具有影响关系的控制变量，M_{it} 表示机制变量，μ_i 表示城市固定效应，λ_t 表示年份固定效应，ε_{it} 表示随机误差项。

方程（5.1）只考虑了资源枯竭型城市扶持政策对环境全要素生产率增长的影响效应，并未加入机制变量 M；方程（5.2）考察了资源枯竭型城市扶持政策对机制变量 M 的影响；方程（5.3）在方程（5.1）的基础上，进一步加入机制变量 M。根据图 5-1 对中介效应模型的解释，这 3 个公式的系数之间存在如下关系：（1）系数 β_1 或者 γ_2 不显著，表明不存在中介效应，M 不是资源枯竭型城市扶持政策影响环境全要素生产率增长的机制变量；（2）系数 β_1、γ_1 以及 γ_2 均显著，表明 M 是资源枯竭型城市扶持政策影响环境全要素生产率增长的机制变量，并且存在部分中介效应；（3）系数 β_1 和 γ_2 显著，同时系数 γ_1 不显著，表明 M 是资源枯竭型城市扶持政策影响环境全要素生产率增长的机制变量，并且存在完全中介效应。

5.1.2 指标选取与数据说明

正如"资源诅咒""荷兰病"等所描述的，资源型城市中丰富的自然资源使得当地产业以自然资源的开采、加工为主，产业结构单一，生产技术落后，并且伴随着环境污染物的大量排放。更重要的是，由于资源的枯竭，资源枯竭型城市无法自发实现经济增长的转型发展。随着中国经济增长进入高质量发展阶段，资源枯竭型城市扶持政策旨在通过中央政府的财政支持，促使资源枯竭型城市实现产业结构转型升级、生产技术进步，并最终实现资源枯竭型城市的转型发展、可持续发展以及高质量发展。本节将对资源枯竭型城市扶持政策的转型发展效应进行中介效应分析。检验转型发展效应的机制变量与控制变量如下：

（1）机制变量

产业结构转型升级。现有文献充分论证了产业结构转型升级对经济增长质量以及生产率提高产生的重要影响（Lucas，1993；张军等，2009）。其中，第二产业，尤其是资源枯竭型城市中的第二产业，是能源消耗以及环境污染的主要来源，而第三产业的良好发展会在保持经济持续增长的同时缓解对自然资源以及环境的压力，是转型发展的主要形式之一（刘乃全和吴友，2017）。因此，产业结构进行合理化转型以及向高级化升级，能够缓解经济增长与资源环境之间的矛盾（Yu等，2018），并最终实现环境全要素生产率增长。更重要的是，产业结构的有效调整能够对生产资源进行优化配置，进而实现"结构红利"（邵帅等，2022）。有鉴于此，本书使用第三产业从业人员数量与第二产业从业人员数量之比（陈梦根和侯园园，2021）和工业总产值占地区生产总值的比重、工业用电量占地区总用电量的比重来衡量产业结构的转型升级。

技术进步。生产技术的进步既是经济实现长期稳定增长的主要驱动力，也是改变经济增长模式的根本途径（唐未兵等，2014）。具体来说，技术进步是环境全要素生产率增长的主要驱动因素。环境全要素生产率增长主要由投入、期望产出以及非期望产出三个方面构成，其中投入以及非期望产出的增加会抑制环境全要素生产率增长，期望产出的增加会促进环境全要素生产率增长。技术进步使得资源产业等工业生产部门可以通过消耗更少的自然资源创造更多的经济产出，同时也能够排放更少的二氧化碳等非期望产出，从而最终实现环境全要素生产率增长。本书根据寇宗来和刘学悦（2017）测算的城市创新指数，对技术进步予以表征。文献通常使用专利数量来表征技术进步（董直庆和王辉，2021a；寇宗来和刘学悦，2020；黎文靖和郑曼妮，2016；钱浩祺等，2019），因此本书同样使用发明专利授权数以及绿色发明专利申请数占发明专利申请数的比重来体现技术进步，尤其是与绿色发展相关的技术进步。

（2）控制变量

本章对如下变量进行了控制：

产业集中度（IND）。产业集中度的高低能够直接影响环境全要素生产率增长。产业集中度主要指的是在单位空间内，企业生产等经济活动的集中程度。一方面，较高的产业集中度可以使得一定区域内各个产业和企业出现更为密集的人员与技术交流，使得不同的技术在不同企业间传播的过程中相互碰撞与融合，从而促进生产技术实现更加高效的增长。另一方面，处于不同产业链中的工业企业在同一地区集聚，也可以使得资源枯竭型城市中产业结构的转型升级快速实现，并最终实现环境全要素生产率的快速提升。产业集中度与环境污染水平密切相关（邵帅等，2019a）。一方面，高能耗产业的集聚，会使得单位面积的生产排污增加，尤其是资源枯竭型城市中以自然资源消耗为主的产业集聚，严重污染当地的生态环境；另一方面，产业集聚可能使生产技术迅速扩散、生产成本降低，最终实现生产效率提高，环境污染物的排放强度下降（苏丹妮和盛斌，2021）。文献通常使用赫芬达尔-赫希曼指数、基尼指数或者泰尔指数对地区的产业集聚程度进行衡量，但是这些衡量方式均未关注到由地理单元差异所导致的空间偏倚（刘修岩，2014）。为了使得产业集中度指标在不同地理单元之间具有可比性，本章借鉴区位熵的计算思路，通过城市单位面积地区产业产值占样本单位面积产业总产值比重这一指标对产业集中程度进行衡量。

经济增长水平（GDP）。经济增长与二氧化碳、细颗粒物等环境污染物的排放密切相关，在粗放式的发展过程中，二者呈现出明显的正相关关系（邵帅等，2017）。另外，根据环境库茨涅兹曲线，不同经济发展程度的地区对于环境的规制力度以及质量等都有不同的要求。如东部地区经济发展程度较高，因此更加重视对环境的保护；而中西部地区经济发展程度较低，或处于经济发展的上升期，因此相对于东部来说会排放更多的环境污染物。鉴于经济增长与环境污染物的排放有密切的关系，通过控制经济增长变量（GDP）得到更加纯净的估计结果。

外商直接投资（FDI）。与资源枯竭型城市扶持政策中的中央政府财力性转移支付相似，外商直接投资也会对转型发展效应中的产业结构转型升级、生产技术进步（黄远浙等，2021）、环境污染等造成影响。具体来说，一方面，外商直接投资能够为资源枯竭型城市带来先进的生产工艺、生产技术以及管理模式、管理理念等，不仅促进了资源枯竭型城市中的生产技术进步，还有可能促使资源枯竭型城市中的产业结构实现转型升级，形成"污染晕轮"效应（Antweiler等，2001），在减少环境污染物排放的同时实现高效率的经济产出以及环境全要素生产率增长。另一方面，外商直接投资可能将污染严重、生产效率低下的企业迁移到资源枯竭型城市中，从而增加了资源枯竭型城市的资源消耗量、环境污染物的排放，不仅不会促进转型发展效应中的产业结构转型升级以及生产技术的进步，还会形成"污染避难所"效应（Cole等，2010），进一步阻碍环境全要素生产率增长。本章使用外商直接投资占城市国内生产总值的比重来对外商直接投资进行衡量。

技术创新（PA）。技术创新是促进环境污染改善的重要因素之一。不同地区的技术创新变量存在明显的差异，如东部地区较为发达的经济不仅吸引了大量的熟练劳动力以及高技术人才，其税收优惠、创新补贴等政策也吸引了大量的高技术企业（刘诗源等，2020；张杰，2021）；另外，东部地区城市大量的财富也使得绿色技术呈现自选择效应，并具有自我强化的特征（董直庆和王辉，2021a）。大量的人才与高技术企业会促进东部地区的技术创新活动，从而减少经济生产过程中环境污染物的排放，并促进环境全要素生产率增长。为了排除其他因素对技术创新变量及环境全要素生产率增长的影响，本章控制了各个城市的发明专利授权量（PA），以获得更加纯净的资源枯竭型城市扶持政策对环境全要素生产率增长的影响。

政府干预程度（GOV）。政府干预对资源枯竭型城市转型发展效应中的产业结构转型升级以及升级技术进步存在正、反两个方面的影响。

一方面，随着资源的逐渐枯竭，资源枯竭型城市中的资源型产业无法进行生产。资源枯竭型城市扶持政策的政策目标是通过政府部门的干预以及产业政策的实施，促使资源枯竭型城市的产业结构以及经济增长模式顺利实现转型发展（韩永辉等，2017）。因此，若地方政府具有长远的发展战略眼光，那么资源枯竭型城市中政府部门对市场的干预能够充分实现资源枯竭型城市扶持政策的目标，使得中央政府财力性转移支付物尽其用，快速实现产业结构的转型升级以及生产技术的进步。另一方面，政府对经济以及市场的干预并不能促进转型发展效应中产业结构转型升级以及生产技术进步。具有短视行为的部分政府官员会通过干预，将原本用于促进经济转型发展的中央政府财力性转移支付用于资源型产业当中，以促进当地经济在短期内的继续增长，以及通过对资源型产业扶持力度的增加，促使资源枯竭型城市中资源产业吸纳就业的能力提高，以增加就业率，维持任期内社会的稳定。更重要的是，政府干预的程度越高，则越有可能出现寻租腐败的行为（邵帅和杨莉莉，2011），最终不仅不能促使转型发展效应中产业结构的转型升级以及生产技术的进步，还有可能对转型发展效应甚至环境全要素生产率增长起到抑制作用。为了控制政府干预的影响，本书根据已有文献的做法，采用扣除教育和科学事业后的财政支出占城市生产总值的比重来对政府干预程度进行衡量（丁菊红和邓可斌，2007）。

其他控制变量。与基准回归相同，本书在中介效应分析中同样对与人口及产业相关的变量进行了控制。考虑到一个地区人口密集程度的大小反映了该地区的经济发展水平以及技术创新能力，也就是说，人口越密集的地区各个经济主体的交流活动可能越频繁，同时大量的人口也表明该地区人力资本水平较高，因此人口密度高的地区技术创新能力较强。另外，不同地区产业变量也影响了产业结构转型升级。如在资源枯竭型城市中，繁荣的资源型产业因固定资产具有较高的技术锁定效应，因而具有较高的退出壁垒，产业结构由高碳向低碳转型、由第二产业向第三产业升级的难度更大。因此，本书控制了年末总人口（PO）、人口密度（AP）、第二产业从业人员比重（SE）、规模以上工业企业数（IE）、规模以上工业总产值（IO）以及全年用电量（EC）。

5.2 传导机制检验

5.2.1 转型发展效应的检验结果

在前文的分析中，转型发展效应包含了产业结构转型升级以及技术进步两个方面，本章依次对这两个方面的机制进行中介效应分析。

（1）产业结构转型升级的机制作用

按照中介效应模型的检验原理（温忠麟和叶宝娟，2014），本章依次对第一节中的三个模型进行检验。首先，利用方程（5.1），检验了在不考虑产业结构转型升级的条件下，资源枯竭型城市扶持政策对环境全要素生产率增长的影响效应。为了保证系数的合理性及系数之间比较的逻辑性，在进行参数估计的时候同样采用了城市固定效应以及年份固定效应。

从表5-1报告的结果可以看出，无论是否控制变量，在不考虑产业结构转型升级的条件下，资源枯竭型城市扶持政策对环境全要素生产率增长均显示出显著的促进效应。平均来说，资源枯竭型城市扶持政策能够在1%的水平上显著促进环境全要素生产率增长提高1.97%，并且结果是非常稳健的。

从表5-1第（2）列报告的控制变量的系数可以发现，在中介效应模型中，产业集中度对环境全要素生产率增长的影响为负，即产业集聚的增强显著抑制了环境全要素生产率增长。这说明在样本期间，资源枯竭型城市中各个经济主体仍然是以自然资源产业为主集聚，这种集聚模式不但没有促进产业以及企业之间的技术交流，还增加了自然资源的消耗以及环境污染物的排放，抑制了环境全要素生产率增长，是一种低效率的经济集聚模式。经济增长的系数为正，说明城市发展水平的提升能够显著促进环境全要素生产率增长的提升。可能的解释是随着城市发展水平的提升，资源枯竭型城市能够吸引更多的人才以及高技术企业的加入，从而促进生产技术的进步以及产业结构的转型升级，最终有效促进环境全要素生产率增长。外商直接投资以及基础设施建设对环境全要素生产率的影响也为负，说明外商直接投资以及基础设施建设对环境全要素生产率增长存在显著的抑制效应，即外商对资源枯竭型城市的直接投资，不仅没有带来更好的生产技术，促进资源枯竭型城市实现生产上的技术进步，反而带来了污染更加严重的企业，出现污染避难所效应。技术进步对环境全要素生产率增长产生了促进效应。最后，政府干预程度抑制了环境全要素生产率增长，说明样本期间资源枯竭型城市政府部门的部分官员存在短视行为，通过促进资源型产业的发展使得当地的生产总值在任期内快速提升，忽视了对生产技术进步等的促进，最终导致环境全要素生产率增长受到抑制。

表5-1　　中介效应检验（1）：资源枯竭型城市扶持政策对
环境全要素生产率增长的影响

变量	环境全要素生产率增长	
	（1）	（2）
SREC	0.0197***	0.0193***
	（0.0067）	（0.0066）
产业集中度		−0.4678***
		（0.1273）
经济增长		2.9755***
		（0.6782）
外商直接投资		−0.9577***
		（0.0378）
技术创新		2.0856***
		（0.2577）
政府干预程度		−2.7545***
		（0.0022）
年末总人口		0.0146
		（0.3975）

续表

变量	环境全要素生产率增长	
	（1）	（2）
人口密度		0.0078
		（0.0945）
第二产业从业人员比重		−0.7257***
		（0.1075）
规模以上工业企业数		−0.6412***
		（0.0827）
规模以上工业总产值		−0.1178
		（0.3457）
全年用电量		−0.7524***
		（0.1157）
城市固定效应	控制	控制
年份固定效应	控制	控制
常数项	−0.2728***	−1.7254
	（0.0012）	（9.6454）
调增的 R²	0.9567	0.9641
观察值	4 639	4 639
城市样本数	276	276

其次，利用方程（5.2），考察了资源枯竭型城市扶持政策对产业结构转型升级这一机制变量的影响。为了更加全面地对产业结构转型升级进行衡量，保证产业结构转型升级所发挥中介效应的稳健性，分别采用第三产业从业人数与第二产业从业人数之比、工业总产值占地区生产总值的比重、工业用电量占全社会总用电量的比重，这三个指标表征产业结构的转型升级并进行参数估计。从表5-2第（1）列报告的参数估计结果可以看出，资源枯竭型城市扶持政策对第三产业从业人数与第二产

业从业人数之比具有促进作用，表明资源枯竭型城市扶持政策能够促进以从业人员数量为表征的产业结构升级（陈梦根和侯园园，2021）。

表5-2 中介效应检验（2）：资源枯竭型城市扶持政策对机制变量的影响

变量	第三产和第二产从业人数之比	工业总产值比重	工业用电量比重
	（1）	（2）	（3）
SREC	0.4584***	−0.0675***	−0.4597***
	（0.0037）	（0.0053）	（0.0058）
控制变量	控制	控制	控制
年份固定效应	控制	控制	控制
城市固定效应	控制	控制	控制
常数项	−0.0675	0.2765	0.6785***
	（0.1878）	（0.3310）	（0.0038）
调整的 R^2	0.9575	0.9384	0.9575
观察值	4 639	4 639	4 639
城市样本数	276	276	276

另外，为了验证结果的稳健性，在表5-2第（2）、（3）列检验了资源枯竭型城市扶持政策对工业总产值占当地产值的比重、工业用电量占全社会总用电量比重的影响。结果表明，资源枯竭型城市扶持政策能够有效控制资源枯竭型城市的资源开采、加工等资源产业（工业）发展。可能的原因如下：一方面，中央政府对资源枯竭型城市财力性转移支付的资金支持能够促使地方政府改善要素配置效率，促进能源结构转型，进而引导相关产业进行内部绿色转型升级；另一方面，以促进资源枯竭型城市产业结构转型升级为目标的资源枯竭型城市扶持政策能够有效激励高能耗和高排放的产业部门进行低碳转型或产业转移，从而推动地区产业结构向绿色化、低碳化的方向转变。总的来说，表5-2所报告的结果说明资源枯竭型城市扶持政策能够发挥其政策目标，有效实现对资源枯竭型城市产业结构转型升级的促进作用。

其他控制变量对于转型发展效应中的产业结构转型升级的影响符合预期，如经济集聚、外商直接投资、基础设施建设以及政府干预等对产业结构转型升级存在显著的抑制效应，城市化水平对产业结构转型升级存在显著的促进效应。

最后，利用方程（5.3）检验了资源枯竭型城市扶持政策和产业结构转型升级对环境全要素生产率增长的共同影响。从表5-3报告的结果可以发现，在加入产业结构转型升级之后，资源枯竭型城市扶持政策对环境全要素生产率增长的影响变小，并且产业结构转型升级对环境全要素生产率增长的影响显著。综合前文的分析结果，根据中介效应模型的定义，对资源枯竭型城市扶持政策、产业结构转型升级以及环境全要素生产率增长之间的关系总结如下：资源枯竭型城市扶持政策能够促进环境全要素生产率增长；与此同时，产业结构转型升级也能够促进环境全要素生产率增长，并且在控制产业结构转型升级之后，资源枯竭型城市扶持政策对环境全要素生产率增长影响的估计系数变小，即在控制产业结构转型升级的情况下，资源枯竭型城市扶持政策对环境全要素生产率增长的促增作用减小。结合中介效应模型的定义，本书认为资源枯竭型城市会通过促进产业结构转型升级拉动环境全要素生产率增长，即证实了资源枯竭型城市扶持政策对环境全要素生产率增长的产业结构转型升级效应。

表5-3　中介效应检验（3）：资源枯竭型城市扶持政策与机制变量的共同影响

变量	环境全要素生产率增长		
	（1）	（2）	（3）
SREC	0.0067***	0.0081***	0.0062***
	（0.0009）	（0.0011）	（0.0003）
产业结构转型升级	0.0567***	-0.0272***	-0.0572***
	（0.0072）	（0.0037）	（0.0074）
控制变量	控制	控制	控制
城市固定效应	控制	控制	控制
年份固定效应	控制	控制	控制

续表

变量	环境全要素生产率增长		
	（1）	（2）	（3）
常数项	0.8455***	0.0045	0.3758
	（0.0578）	（0.3778）	（0.3001）
调整的 R^2	0.9638	0.9751	0.9677
观察值	4 639	4 639	4 639
城市样本数	276	276	276

（2）技术进步的机制作用

与对产业结构转型升级中介效应的检验方式相同，同样利用中介效应模型对技术进步在资源枯竭型城市扶持政策影响环境全要素生产率增长所发挥的中介效应进行检验。首先，利用方程（5.1）检验了在不考虑技术进步的条件下，资源枯竭型城市扶持政策对环境全要素生产率增长的影响效应。为了保证系数的合理性及系数之间比较的逻辑性，在进行参数估计的时候同样采用了城市固定效应以及年份固定效应。

从表5-4报告的结果可以看出，无论是否控制控制变量，在不考虑技术进步的条件下，资源枯竭型城市扶持政策对环境全要素生产率增长均显示出显著的促进效应。平均来说，资源枯竭型城市扶持政策能够在1%的水平上显著促进环境全要素生产率增长0.77%，并且结果十分稳健。

表5-4　　　　中介效应检验（1）：资源枯竭型城市扶持政策对
环境全要素生产率增长的影响

变量	环境全要素生产率增长	
	（1）	（2）
SREC	0.0083***	0.0077***
	（0.0035）	（0.0022）
产业集中度		−0.0593**
		（0.0247）

续表

变量	环境全要素生产率增长	
	(1)	(2)
经济增长		0.0645***
		(0.0042)
外商直接投资		−0.4542***
		(0.1275)
技术创新		0.0857***
		(0.0069)
政府干预程度		−0.1277***
		(0.0389)
年末总人口		0.0575
		(0.1238)
人口密度		0.0478*
		(0.0284)
第二产业从业人员比重		−0.0855***
		(0.0075)
规模以上工业企业数		−0.7574***
		(0.0356)
规模以上工业总产值		−0.0875***
		(0.0017)
固定资产投资总额		−0.0080***
		(0.0024)
全年用电量		−0.0874
		(0.3757)
城市固定效应	控制	控制

续表

变量	环境全要素生产率增长	
	（1）	（2）
年份固定效应	控制	控制
常数项	0.5232	−0.0675
	（0.4578）	（0.0587）
调整的 R^2	0.9691	0.9768
观察值	4 639	4 639
城市样本数	276	276

其次，利用方程（5.2）考察了资源枯竭型城市扶持政策对技术进步这一机制变量的影响。为了更加全面地对技术进步进行衡量，同时保证技术进步相关变量所发挥中介效应的稳健性，分别采用城市创新指数、发明专利授权数及绿色发明专利比重（齐绍洲等，2018）三个指标反映技术创新能力并进行参数估计。

从表5-5报告的结果可以看出，无论使用城市创新指数、发明专利授权数还是绿色发明专利申请数占发明专利申请数的比重来表征技术进步，资源枯竭型城市扶持政策均能够对技术进步起到促进作用。可能的解释如下：一方面，资源枯竭型城市中自然资源的枯竭使得当地资源产业依靠传统的生产模式难以为继，需要通过生产技术的提高以在更少投入的基础上实现更大的产出，获得更多的生产利润，维持企业的正常运行；另一方面，以绿色发展为目标的资源枯竭型扶持政策为碳排放规模较大、生产效率较低的资源型工业企业增加了额外的生产成本，为了降低生产成本获得更大的利润，高能耗、高排放工业企业具有通过技术创新实现生产效率改进的动力，从而有利于相应地区的环境全要素生产率增长。更重要的是，中央政府对资源枯竭型城市的财力性转移支付使得当地政府能够激发资源型企业的创新动力，如资源枯竭型城市的政府部门可以通过产业政策的制定引导相关企业实现技术进步，也可以通过税收减免、信贷资源、创新补贴等措施增加相关企业的研发投入（安同良和千慧雄，2021；蔡庆丰等，2020；刘乐淋和杨毅柏，2021；陆菁等，2021），保障工业企业技术创新活动的正常开展，并最终实现技术进步（张杰，2021），促进环境全要素生产率增长。其他控制变量对于转型发展效应中的技术进步的影响符合预期，如经济集聚、外商直接投资、基础设施建设以及政府干预等对技术进步存在显著的抑制效应。

表5-5 中介效应检验（2）：资源枯竭型城市扶持政策对技术进步的影响

变量	城市创新指数	发明专利授权数	绿色发明专利比重
	（1）	（2）	（3）
SREC	0.6785***	0.3684***	0.1997***
	(0.0078)	(0.0347)	(0.0345)
控制变量	控制	控制	控制
城市固定效应	控制	控制	控制
年份固定效应	控制	控制	控制
常数项	0.6382***	0.7242	0.0482
	(0.0354)	(0.7674)	(0.0457)
调整的 R^2	0.9128	0.9372	0.9587
观察值	4 639	4 639	4 639
城市样本数	276	276	276

最后，利用方程（5.3）检验了资源枯竭型城市扶持政策和技术进步对环境全要素生产率增长的共同影响。从表5-6报告的结果可以发现，在加入对技术进步的考虑之后，资源枯竭型城市扶持政策对环境全要素生产率增长的影响变小。综合前文的分析结果，根据中介效应模型的定义，对资源枯竭型城市扶持政策、技术进步以及环境全要素生产率增长之间的关系总结如下：资源枯竭型城市扶持政策能够促进环境全要素生产率增长；与此同时，技术进步也能够促进环境全要素生产率增长，并且在控制技术进步之后，资源枯竭型城市扶持政策对环境全要素生产率增长影响的估计系数变小，即在控制技术进步的情况下，资源枯竭型城市扶持政策对环境全要素生产率增长的促增作用减小。结合中介

效应模型的定义，本书认为资源枯竭型城市会通过促进技术进步实现环境全要素生产率增长，即证实了资源枯竭型城市扶持政策对环境全要素生产率增长的技术进步效应。

表5-6 中介效应检验（3）：资源枯竭型城市扶持政策与技术进步的共同影响

变量	环境全要素生产率增长		
	（1）	（2）	（3）
SREC	0.0041***	0.0036***	0.0029***
	（0.0009）	（0.0009）	（0.0002）
技术进步	0.6454***	0.7811***	0.2784***
	（0.0678）	（0.0553）	（0.0546）
控制变量	控制	控制	控制
城市固定效应	控制	控制	控制
年份固定效应	控制	控制	控制
常数项	0.6785	0.7454	−0.3257
	（0.5285）	（0.6742）	（0.4250）
调整的 R^2	0.9674	0.9574	0.9388
观察值	4 639	4 639	4 639
城市样本数	276	276	276

总的来说，本章利用中介效应模型，证明了产业结构转型升级以及技术进步能够在资源枯竭型城市扶持政策影响环境全要素生产率增长的过程中发挥机制作用，即证明了资源枯竭型城市扶持政策的转型发展效应。

5.2.2 稳健性分析

为了检验以转型发展效应中的产业结构转型以及生产技术进步作为中介效应的资源枯竭型城市扶持政策对环境全要素生产率增长影响的稳健性，本部分将对中介效应的估计结果进行稳健性分析。

首先，中介效应模型不仅被国内的大量文献用来进行机制分析，外文文献也使用中介效应模型进行机制分析（Alesina 和 Zhuravskaya，2011）。然而，部分文献认为，使用中介效应模型进行机制分析所得到的结论值得商榷。如方程（5.1）存在拟合不足的问题，进而导致估计结果不具有异质性；方程（5.3）缺乏对机制变量内生性问题的探讨等。也有文献认为，目前争议最小的方法是通过自变量对机制变量进行回归，而机制变量影响因变量的部分通过理论说明即可。由于在本书的中介效应模型中，方程（5.2）自身即为经济学中经典的、文献普遍接受的自变量对机制变量回归的方法，而且在理论部分对机制变量影响因变量的原因进行了详细阐述，因此得到的中介效应模型的结果是稳健的。

其次，考虑到中介效应中第一个方程与机制变量无关，并且已经与基准回归结果相互印证，因此主要将转型发展效应中的产业结构转型升级以及生产技术进步进行人均化处理、单位生产总值处理，并对中介效应模型中的方程（5.2）和方程（5.3）进行检验，以确保中介效应模型估计结果的稳健性。

表5-7报告了经过人均处理后的用以表征产业结构转型升级的第三产业从业人员数量与第二产业从业人员数量之比，以及人均处理后的用以表征技术进步的城市创新水平作为机制变量的影响效应。其中，表5-7第（1）列报告了资源枯竭型城市扶持政策对经过人均处理后的产业结构转型升级的影响，第（2）列报告了资源枯竭型城市扶持政策以及经过人均处理后的产业结构转型升级对环境全要素生产率增长的影响。可以发现，在对产业结构转型升级的变量进行人均处理后，资源枯竭型城市扶持政策仍然能够显著促进产业结构转型升级。同时，在第（2）列中，资源枯竭型城市扶持政策以及人均处理后的产业结构转型升级能够显著促进环境全要素生产率增长，同时资源枯竭型城市扶持政策对环境全要素生产率增长的促进作用变小，说明人均处理后的产业结构转型升级在资源枯竭型城市扶持政策促进环境全要素生产率增长的过程中发挥了部分中介效应，证明针对产业结构转型升级的中介效应的估计结果是稳健的。

表5-7　　　　　　　　　　稳健性分析：人均水平

变量	产业结构转型升级	ETFP	技术进步	ETFP
	（1）	（2）	（3）	（4）
SREC	0.1689***	0.0049***	0.12892***	0.0068***
	（0.0327）	（0.0002）	（0.0238）	（0.0009）
产业结构转型升级		0.3745***		
		（0.0374）		
技术进步				0.3455***
				（0.0128）
控制变量	控制	控制	控制	控制
城市固定效应	控制	控制	控制	控制
年份固定效应	控制	控制	控制	控制
常数项	0.1341*	−0.6375	0.0058	0.0378
	（0.0740）	（0.5882）	（0.0578）	（0.0641）
调整的 R^2	0.9671	0.9598	0.9637	0.9761
观察值	4 639	4 639	4 639	4 639
城市样本数	276	276	276	276

　　表5-7第（3）列报告了资源枯竭型城市扶持政策对人均处理后技术进步的影响，第（4）列报告了资源枯竭型城市扶持政策与人均处理后技术进步对环境全要素生产率增长的共同影响。根据中介效应模型对不同方程系数的定义可知，人均处理后的技术进步在资源枯竭型城市扶持政策影响环境全要素生产率增长的过程中发挥了部分中介效应，同样说明了中介效应对技术进步发挥作用机制的结果的稳健性。

　　表5-8第（1）、（2）列检验了经过单位地区生产总值处理后的产业结构转型升级在资源枯竭型城市扶持政策影响环境全要素生产率增长过

程中所发挥的机制作用，表5-8第（3）、（4）列检验了经过单位地区生产总值处理后的生产技术进步在资源枯竭型城市扶持政策影响环境全要素生产率增长过程中所发挥的机制作用。总的来说，将产业结构转型升级以及生产技术进步这两个机制变量替换为经过单位地区生产总值处理的变量后，其仍然能够在资源枯竭型城市扶持政策影响环境全要素生产率增长的过程中发挥部分中介效应，说明了中介效应结果的稳健性。

表5-8　　　　　　　　稳健性分析：单位生产总值水平

变量	产业结构转型升级	ETFP	生产技术进步	ETFP
	（1）	（2）	（3）	（4）
SREC	0.678^{5***}	0.0062***	0.5374***	0.0059***
	（0.0675）	（0.0003）	（0.0571）	（0.0009）
产业结构转型升级		0.6714***		
		（0.0384）		
技术进步				0.0911***
				（0.0112）
控制变量	控制	控制	控制	控制
城市固定效应	控制	控制	控制	控制
年份固定效应	控制	控制	控制	控制
常数项	−0.0282	0.0234	−0.0797**	0.0855
	（0.1740）	（0.0916）	（0.0395）	（0.1238）
调整的 R^2	0.9367	0.9517	0.9567	0.9634
观察值	4 639	4 639	4 639	4 639
城市样本数	276	276	276	276

5.3　本章小结

　　为了探究资源枯竭型城市扶持政策影响环境全要素生产率增长的作用机制，本章从转型发展效应的视角出发，使用中介效应模型，深入探究了产业结构转型升级以及技术进步在资源枯竭型城市扶持政策影响环境全要素生产率增长中的中介效应。

　　本章的主要结论如下：

　　（1）以第三产业从业人员人数与第二产业从业人员人数比重等为表征的产业结构转型升级作为机制变量时，通过中介效应模型的检验可以发现，资源枯竭型城市扶持政策的实施能够通过促进产业结构的转型升级提高资源枯竭型城市的环境全要素生产率增长。以促使资源枯竭型城市产业结构转型升级为目标的资源枯竭型城市扶持政策发挥了政策作用，通过对产业结构转型升级的促进，提高了当地环境全要素生产率增长。

　　（2）以发明专利申请量、绿色发展专利授权量占发明专利授权量比重等为表征的技术进步作为机制变量时，通过中介效应模型的检验可以发现，资源枯竭型城市扶持政策的实施能够通过促进技术进步，使资源枯竭型城市环境全要素生产率增长。这一结论与结论（1）共同证明了资源枯竭型城市扶持政策能够通过促进转型发展使环境全要素生产率增长。

　　（3）其他影响转型发展效应的控制变量的系数也与预期相符。如产业集聚的增强显著抑制了环境全要素生产率增长，因而样本期间资源枯竭型城市的经济集聚是一种低效率的经济集聚模式。经济增长能够通过人才以及高技术产业等创新要素的吸引促进生产技术的进步以及产业结构的转型升级，最终有效促进环境全要素生产率增长。外商直接投资以及基础设施建设对环境全要素生产率增长存在显著的抑制效应。政府干预程度会影响环境全要素生产率增长。

6 资源枯竭型城市扶持政策对环境全要素生产率增长影响的传导机制检验：基于污染防控效应的视角

在第五章的基础上，本章利用中介效应模型，对资源枯竭型城市扶持政策影响环境全要素生产率增长过程中污染防控效应所发挥的机制作用进行实证检验。通过中介效应模型，本章不仅检验转型发展效应中环境规制以及生态环境保护在资源枯竭型城市扶持政策影响环境全要素生产率增长过程中所发挥的机制作用，还对结果的稳健性进行了稳健性分析。

6.1 研究设计

正如前文所述，资源枯竭型城市扶持政策除了能够通过转型发展效应促进环境全要素生产率增长，还可以通过污染防控效应影响环境全要素生产率增长。具体来说，作为经济生产过程中的负面产物，二氧化碳以及细颗粒物等环境污染物排放以及大气中污染物浓度的增加，均能够导致环境全要素生产率增长受到抑制。除了产业结构转型升级以及生产技术进步以外，资源枯竭型城市扶持政策也可以通过污染防控效应，促进环境全要素生产率增长。在工业企业生产端，以绿色发展、清洁生产为政策目标的资源枯竭型城市扶持政策能够促使资源枯竭型城市政府加强对当地企业的环境规制力度。资源枯竭型城市中的产业主要以资源型产业为主，并且粗放式的发展导致资源利用率低、环境污染物排放严重。因此，资源枯竭型城市扶持政策可以促使地方政府加强环境规制力度，增加资源型产业生产过程中的排污成本，从而促使资源型产业进行更加清洁的生产（范子英和赵仁杰，2019）。另外，在绿色发展的资源枯竭型城市扶持政策目标下，资源枯竭型城市政府部门也会通过多种与政策配套的措施，尽快实现大气中环境污染物浓度的下降，如通过植树造林等方式增加辖区内的绿地面积，进而增加植被固碳量以及植被等对环境的净化能力。有鉴于此，为了研究污染防控效应在资源枯竭型城市扶持政策促进环境全要素生产率增长的作用机制，本章使用中介效应模型（温忠麟和叶宝娟，2014），分别对政府环境规制力度以及生态环境改善的作用机制进行具体分析。

6.1.1 中介效应模型

与第五章的检验方法类似，本章通过构建如下中介效应模型对污染防控效应的机制作用进行分析：

$$\text{ETFP}_{it} = \alpha_0 + \alpha_1 \text{SREC}_{it} + \alpha_2 \text{Control}_{it} + \alpha_3 \mu_i + \alpha_4 \lambda_t + \varepsilon_{it} \tag{6.1}$$

$$M_{it} = \beta_0 + \beta_1 \text{SREC}_{it} + \beta_2 \text{Control}'_{it} + \beta_3 \mu_i + \beta_4 \lambda_t + \varepsilon_{it} \tag{6.2}$$

$$\text{ETFP}_{it} = \gamma_0 + \gamma_1 \text{SREC}_{it} + \gamma_2 M_{it} + \gamma_3 \text{Control}_{it} + \gamma_4 \mu_i + \gamma_5 \lambda_t + \varepsilon_{it} \tag{6.3}$$

方程（6.1）至方程（6.3）中，下标 i 表示城市，下标 t 表示年份；ETFP_{it} 表示城市 i 在第 t 年的环境全要素生产率增长；SREC_{it} 表示城市 i 在第 t 年是否实施了资源枯竭型城市扶持政策，实施则 SREC_{it} 赋值为 1，否则赋值为 0；Control_{it} 表示一系列与环境全要素生产率增长以及机制变量相关的控制变量，M_{it} 表示机制变量。μ_i 表示城市固定效应，λ_t 表示年份固定效应，ε_{it} 表示随机误差项。

6.1.2 指标选取与数据说明

传统粗放式的增长模式，加之以地区生产总值增长为主要考核目标的官员评价、晋升体系，使得资源枯竭型城市政府部门的部分官员为了发展当地的经济而采取"逐底竞争"等策略（张军等，2020；赵阳等，2021），为了能够在短期内实现地区生产总值的快速增长，资源枯竭型城市政府部门的部分官员甚至会主动降低环境规制力度，以吸引更多的污染型产业与企业迁移到辖区内，并通过对自然资源大量的消耗以及环境污染物的排放，实现地区生产总值在短期内的快速增长。随着中国政府对资源节约、环境保护等的越发重视，如何实现绿色发展也越来越成为地方政府官员的考核标准（余泳泽等，2020；张军等，2020）。以资源节约、环境保护以及绿色发展等为政策目标的资源枯竭型城市扶持政策的实施，促使了资源枯竭型城市政府部门采取更加严格的环境规制力度来减少当地资源型产业在资源开采、加工以及利用过程中的环境污染物的排放。同时，还会通过植树造林、增加绿地面积等配套措施减少大气中环境污染物浓度，改善生态环境，最终实现环境全要素生产率增长。因此，为了验证污染防控效应在资源枯竭型城市扶持政策促进环境全要素生产率增长过程中所发挥的中介效应，本节利用中介效应模型，对资源枯竭型城市扶持政策的污染防控效应进行中介效应分析。检验污染防控效应的机制变量与控制变量如下：

（1）机制变量

环境规制力度。在传统粗放式的发展模式以及以追求经济增长为主要目标的官员晋升考核机制体制下，资源枯竭型城市政府部门的部分官员为了实现晋升目标，不仅会与当地的资源型企业形成政企合谋，放松对污染型企业的环境规制以使其为当地提供更多的经济产出，还会用"逐底竞争"的方式，通过主动降低环境规制标准，以吸引更多的重污染企业入驻资源枯竭型城市（田文佳等，2019；赵阳等，2021），在短期内为资源枯竭型城市带来更多的经济收益，同时也排放了更多的环境污染物。随着中国经济向高质量转型发展，中央政府越来越重视经济发展过程中对生态环境的保护，对于地方政府官员的考核体系也越来越多地纳入了对绿色发展等指标的考虑（余泳泽等，2020）。随着资源枯竭型城市扶持政策的实施以及中央财力性转移支付的实现，除了通过产业结构转型升级以及生产技术进步等方式从长期实现环境污染的减少以及发展质量的提高，资源枯竭型城市政府部门也会通过加强环境规制等手段，通过控制资源型产业在生产过程中污染物的排放促进环境全要素生产率增长。考虑到文献通常使用工业烟粉尘排放量、工业二氧化硫排放量以及工业固体废物综合利用率等指标来表征环境规制力度（李宝礼等，2020），同时政府对企业的环境规制能够减少工业生产过程中烟粉尘、二氧化硫、二氧化碳的排放量，增加工业固体废物综合利用率（范子英和赵仁杰，2019），本章使用工业烟粉尘排放量、工业二氧化硫排放量以及工业固体废物综合利用率作为政府环境规制力度的代理变量，考察环境规制力度在资源枯竭型城市扶持政策促进环境全要素生产率增长中的机制作用。

生态环境保护。与全要素生产率相比，环境全要素生产率增长将经济发展过程中环境质量的变化纳入了发展质量的评价框架中，体现了中国政府对经济发展过程中环境保护、经济与环境协调发展的重视。环境全要素生产率增长能够更加全面地反映经济发展的质量，在相同的经济增长过程中，生态环境的质量越差，或者说大气中环境污染物的浓度越高，越能够对环境全要素生产率起到抑制作用。为了达到资源枯竭型城市扶持政策中绿色发展、清洁发展等目标，资源枯竭型城市政府部门不仅会通过相关产业政策的制定以促使产业结构转型升级以及生产技术进步等方式，从长期实现碳排放以及空气污染物等环境污染物的减少，还会出台与政策目标相符的配套措施，如通过植树造林、增加绿地面积以及公园面积，增加植被固碳量提高对环境的净化能力，在短期内实现大气中二氧化碳浓度以及细颗粒物浓度等环境污染物浓度的降低以及环境全要素生产率增长。有鉴于此，使用绿地面积、建成区绿化覆盖率以及植被固碳量来表征生态环境改善，并以此来考察资源枯竭型城市扶持政策影响环境全要素生产率增长的过程中，生态环境保护所发挥的机制作用。

（2）控制变量

经济增长。经济增长与二氧化碳、细颗粒物等环境污染物的排放密切相关，在粗放式的发展过程中，二者呈现出明显的正相关关系（邵帅等，2017）。另外，根据环境库茨涅兹曲线，不同经济发展程度的地区对于环境的规制力度以及质量等有不同的要求。如东部地区经济发展程度较高，因此更加重视对环境的保护；而中西部地区经济发展程度较低，或处于经济发展的上升期，相对于东部来说会排放更多的环境污染物。鉴于经济增长与环境污染物的排放有密切的关系，通过控制经济增长变量（GDP）排除各个城市中不同发达程度的经济影响，从而得到更加纯净的估计结果。

人口规模。人口规模也与环境污染物的排放以及大气中污染物的浓度存在明显的相关关系。一方面，较大的人口规模在日常生活中会产生较大的二氧化碳以及细颗粒物等环境污染物的排放；另一方面，在资源枯竭型城市中，较大的人口规模也为当地资源产业的发展以及壮大提供了充足的劳动力，在低效率的资源产业中，更多的劳动力也意味着更多环境污染物的排放。有鉴于此，对各个城市的年末总人口（PO）以及人口密度（AP）的影响进行了控制。

产业变量。在资源枯竭型城市中，工业企业在进行经济产出的过程中伴随着大量的能源消耗以及二氧化碳、细颗粒物等环境污染物的排放（Jorgenson 和 Stiroh，2000），并且由于生产技术较低，相关的资源型产业越发达、工业企业数越多、工业总产值越高，在生产技术水平不变的情况下所造成的环境污染越严重，从而抑制环境全要素生产率增长。为了排除不同地区工业企业经济生产的影响，控制了包括第二产业从业人员比重（SE）、规模以上工业企业数（IE）、规模以上工业总产值（IO）以及全年用电量（EC）等相关变量。

技术创新变量。技术创新变量是促进环境污染改善的重要因素之一，不同地区的技术创新变量存在明显的差异。如东部地区一方面不仅吸引了大量的熟练劳动力以及高技术人才，其税收优惠、创新补贴等政策也吸引了大量的高技术企业（刘诗源等，2020；张杰，2021）；另一方面东部地区城市大量的财富也使得绿色技术呈现自选择效应，并具有自我强化的特征（董直庆和王辉，2021a）。大量的人才与高技术企业会促进东部地区的技术创新活动，从而减少经济生产过程中环境污染物的排放，并提升环境全要素生产率。为了排除其他因素对技术创新变量及其最终对环境全要素生产率增长的影响，控制了各个城市的发明专利授权量（PA），以获得更加纯净的资源枯竭型城市扶持政策对环境全要素生产率增长的影响。

天气变量。天气变量能够对二氧化碳、雾霾等环境污染物产生影响（Kalisa等，2018），并最终间接影响到环境全要素生产率增长。具体来说，降水量的增加能够减少空气中的灰尘以及雾霾，起到净化空气的作用。鉴于此，为了排除天气变量对环境全要素生产率增长的影响，按照文献的一般经验，控制了平均气温（AT）、平均湿度（AH）、降水量（PR）以及光照强度（LD）。

6.2 传导机制检验

6.2.1 污染防控效应的检验结果

通过分析可知，资源枯竭型城市扶持政策可以通过污染防控效应中的环境规制力度以及生态环境保护两个方面对环境全要素生产率增长产生影响，本节则通过中介效应模型，分别对污染防控效应的两个主要机制进行实证检验。

（1）环境规制的机制作用

为了检验环境规制在资源枯竭型城市扶持政策促进环境全要素生产率增长过程中所发挥的机制作用，首先对中介效应模型中的第一个方程进行检验，即在不考虑环境规制这一机制变量的前提下，探讨资源枯竭型城市扶持政策对环境全要素生产率增长的促进作用。在同时控制城市固定效应与年份固定效应的情况下，通过是否增加控制变量来验证资源枯竭型城市扶持政策对环境全要素生产率增长的影响效应及其稳健性。表6-1第（1）、（2）列分别报告了没有控制变量以及有控制变量的情况下，资源枯竭型城市扶持政策对环境全要素生产率增长的影响。可以看出，资源枯竭型城市扶持政策的实施能够显著促进环境全要素生产率增长，并且这一结果非常稳健。

表6-1　　　　中介效应检验（1）：资源枯竭型城市扶持政策
对环境全要素生产率增长的影响

变量	环境全要素生产率增长	
	（1）	（2）
SREC	0.1689***	0.1575***
	（0.0091）	（0.0087）
地区生产总值		0.6751***
		（0.0354）
年末总人口		0.0578
		（0.1327）
人口密度		0.0001
		（0.0385）
第二产业从业人员比重		−0.3751***
		（0.0422）
规模以上工业企业数		−0.1328***
		（0.0262）
规模以上工业总产值		−0.3852***
		（0.0887）
全年用电量		−0.0887**
		（0.0354）
发明专利授权量		0.5684***
		（0.0335）
平均气温		0.0063
		（0.0177）

续表

变量	环境全要素生产率增长	
	（1）	（2）
平均湿度		−0.1387
		(0.1127)
降水量		−0.0387
		(0.0389)
日照强度		−0.0058
		(0.0160)
城市固定效应	控制	控制
年份固定效应	控制	控制
常数项	−0.0377	0.0674
	(0.1971)	(0.0841)
调整的 R^2	0.9667	0.9526
观察值	4 639	4 639
城市样本数	276	276

从表6-1第（2）列报告的控制变量的系数可以看出，在针对环境规制的中介效应的第一个模型中，经济增长对环境全要素生产率增长的影响是显著为正的，即经济增长能够促进环境全要素生产率增长的提升。这充分说明了中国经济增长的模式已经进入了转型发展阶段，即从以往的只追求经济增长的粗放的发展模式转变为追求经济增长与环境保护相协调的绿色发展模式。

在与产业相关的变量中，第二产业从业人数占总从业人数的比重、规模以上工业企业数、规模以上工业总产值以及全年用电量对环境全要素生产率增长的影响显著为负，即与产业相关的变量抑制了环境全要素生产率增长，说明工业生产尤其是资源枯竭型城市中资源型产业的生产活动仍然是以大量自然资源消耗、环境污染物排放等低技术、高能耗的粗放式生产方式为主。以发明专利授权数量为表征的技术进步能够显著促进环境全要素生产率增长，一方面是因为环境全要素生产率增长本身就衡量了生产技术进步的程度；另一方面生产技术的进步也能够使得工业企业在消耗更少的自然资源、排放更少的环境污染物的同时实现更多的经济产出。其他变量，如年末总人口以及人口密度等与人口相关的变量以及平均气温、平均湿度、降水量和光照强度等天气变量对环境全要素生产率增长的影响并不显著。

其次，通过中介效应的第二个方程，检验了资源枯竭型城市扶持政策对环境规制力度这一机制变量的影响效应。根据文献的一般做法，使用工业烟粉尘排放量、工业二氧化硫排放量以及工业固体废物综合利用率这三个变量来对环境规制进行表征。

根据表6-2第（1）、（2）列报告的结果可知，资源枯竭型城市扶持政策能够降低工业烟粉尘以及二氧化硫的排放量；同时，由表6-2第（3）列报告的结果可知，资源枯竭型城市扶持政策能够提高工业固体废弃物综合利用率。表6-2报告的结果表明，资源枯竭型城市扶持政策能够增强以工业烟粉尘排放量、工业二氧化硫排放量以及工业固体废物综合利用率为表征的环境规制力度。可能的解释如下：一方面，资源枯竭型城市扶持政策中中央政府对资源枯竭型城市政府的财力性转移支付使得地方政府有充足的财政力量去实现对资源型产业的环境规制。另外，资源枯竭型城市政府部门也可以通过对资源型产业环境规制力度的加强，增加资源型产业的生产成本，促使资源型产业更快实现生产模式的转型。另一方面，资源枯竭型城市扶持政策中绿色发展、清洁发展的目标以及中央政府与各个省级政府对资源枯竭型城市地方政府部门的监督也会使得地方政府部门为了改善生态环境而加大对当地资源型产业的环境规制力度（邓辉等，2021），从而实现生态环境质量的改善以及环境全要素生产率增长的提升。

表6-2　中介效应检验（2）：资源枯竭型城市扶持政策对环境规制的影响

变量	工业烟粉尘排放量	工业二氧化硫排放量	工业固体废弃物综合利用率
	（1）	（2）	（3）
SREC	−0.6788***	−0.5757***	0.7247***
	（0.0067）	（0.0067）	（0.0381）
控制变量	控制	控制	控制
城市固定效应	控制	控制	控制
年份固定效应	控制	控制	控制
常数项	0.0674	−0.0119	−0.0371
	（0.0991）	（0.0678）	（0.1765）
调整的 R^2	0.9576	0.9681	0.9625
观察值	4 639	4 639	4 639
城市样本数	276	276	276

　　最后，利用中介效应模型中的第三个方程，实证检验了在考虑环境规制的情况下，资源枯竭型城市与环境规制对环境全要素生产率增长的共同影响。

　　表6-3报告了估计结果。从表6-3所报告的结果中可以发现，随着工业烟粉尘排放量、工业二氧化硫排放量以及工业固体废物综合利用率这三个表征环境规制的变量加入，资源枯竭型城市扶持政策对环境全要素生产率增长的促进作用小于第一个方程，同时工业烟粉尘排放量、工业二氧化硫排放量以及工业固体废物综合利用率这三个变量对环境全要素生产率增长的估计系数显著。根据中介效应的检验原理，本书认为，资源枯竭型城市扶持政策能够促进环境全要素生产率增长。同时，环境规制的加强也能够促进环境全要素生产率增长。更重要的是，在加入对于环境规制力度的考虑后，资源枯竭型城市扶持政策对环境全要素生产率增长的促进作用减小，这充分说明了环境规制在资源枯竭型城市扶持政策促进环境全要素生产率增长的过程中发挥了中介效应，并且发挥了

部分中介效应。

表6-3　中介效应检验（3）：资源枯竭型城市扶持政策与机制变量的共同影响

变量	环境全要素生产率增长		
	（1）	（2）	（3）
SREC	0.0079***	0.0685***	0.0374***
	(0.0006)	(0.0012)	(0.0043)
环境规制	−0.8581***	−0.3853***	0.9421***
	(0.0385)	(0.0671)	(0.0578)
控制变量	控制	控制	控制
城市固定效应	控制	控制	控制
年份固定效应	控制	控制	控制
常数项	−0.0841	0.3874***	0.6128
	(0.0787)	(0.0187)	(0.5817)
调整的 R^2	0.9366	0.9178	0.9552
观察值	4 639	4 639	4 639
城市样本数	276	276	276

（2）生态环境保护的机制作用

为了考察生态环境保护在资源枯竭型城市扶持政策影响环境全要素生产率增长过程中所发挥的机制作用，首先通过中介效应的第一个方程，实证检验了在不考虑生态环境保护的情况下，资源枯竭型城市扶持政策对环境全要素生产率增长的影响。表6-4第（1）列控制了城市固定效应与年份固定效应，并未加入其他控制变量；第（2）列在第（1）列的基础上增加了经济增长、人口变量、产业变量、技术创新变量以及天气变量等控制变量。从表6-4第（2）列报告的结果可以看出，在不考虑生态环境保护的机制作用时，资源枯竭型城市扶持政策能够显著促进环境全要素生产率增长。

其他控制变量的估计系数也均符合预期。如经济增长以及以发明专利授权量为表征的技术进步能够促进环境全要素生产率增长；第二产业从业人员占比、规模以上工业企业数、规模以上工业总产值以及全年用电量等与产业相关的变量能够显著抑制环境全要素生产率增长；年末总人口、人口密度等人口变量以及平均气温、平均湿度、降水量以及光照强度等天气变量对环境全要素生产率增长的影响并不显著。

表6-4　　　　中介效应检验（1）：资源枯竭型城市扶持政策

对环境全要素生产率增长的影响

变量	环境全要素生产率增长	
	（1）	（2）
SREC	0.2544***	0.2713***
	（0.0443）	（0.0541）
地区生产总值		0.0855***
		（0.0024）
年末总人口		0.3747
		（0.6752）
人口密度		0.3785
		（0.4538）
第二产业从业人员比重		−0.3741***
		（0.0088）
规模以上工业企业数		−0.2354***
		（0.0287）
规模以上工业总产值		−0.3371***
		（0.0347）
全年用电量		−0.1842***
		（0.0384）
发明专利授权量		0.3852***
		（0.0228）

变量	环境全要素生产率增长	
	（1）	（2）
平均气温		0.0638
		（0.1208）
平均湿度		0.1083*
		（0.0575）
降水量		−0.0289
		（0.1232）
日照强度		0.0887
		（0.1472）
城市固定效应	控制	控制
年份固定效应	控制	控制
常数项	0.2864	−0.0851
	（0.6420）	（0.1209）
调整的 R^2	0.9567	0.9355
观察值	4 639	4 639
城市样本数	276	276

　　其次，通过中介效应的第二个方程，考察了资源枯竭型城市扶持政策对生态环境保护的影响效应。具体来说，为了增加估计结果的稳健性，使用绿地面积、建成区绿化覆盖率以及植被固碳量这三个变量来表征生态环境保护。从表6-5第（1）、（2）列报告的结果可以看出，资源枯竭型城市扶持政策能够显著增加绿地面积以及建成区绿化覆盖面积。同时，表6-5第（3）列的结果也说明，随着绿地面积以及植被的增加，资源枯竭型城市汇总植被固碳量也随之增加。表6-5的结果证实了资源枯竭型城市能够促进生态环境保护。可能的解释是，在中央政府以及省级政府的监督与指导下，资源枯竭型城市政府部门不仅通过产业结构转

型升级以及技术创新等方式从长期实现经济增长模式的转型以及环境质量的提升，还会通过与政策相关的配套措施，如植树造林、增加绿地面积等方面从短期实现对环境的净化。

表6-5 中介效应检验（2）：资源枯竭型城市扶持政策对生态环境保护的影响

变量	绿地面积	建成区绿化覆盖率	植被固碳量
	（1）	（2）	（3）
SREC	0.3824***	0.4581***	0.7724***
	（0.0341）	（0.0288）	（0.0293）
控制变量	控制	控制	控制
城市固定效应	控制	控制	控制
年份固定效应	控制	控制	控制
常数项	0.0214	−0.0167	0.0289
	（0.1071）	（0.1133）	（0.1377）
调整的 R^2	0.9185	0.9168	0.9547
观察值	4 639	4 639	4 639
城市样本数	276	276	276

最后，通过中介效应的第三个方程，实证检验了在考虑生态环境保护的机制作用下，资源枯竭型城市扶持政策与生态环境保护对环境全要素生产率增长的共同影响。从表6-6报告的结果可以看出，随着生态环境保护这一变量的加入，资源枯竭型城市扶持政策仍然能够显著促进环境全要素生产率增长，但是与第一个方程相比促进作用明显减小，同时绿地面积、建成区绿化覆盖率以及植被固碳量这三个表征生态环境保护的变量也能够显著促进环境全要素生产率增长的提升。综合中介效应三个方程的结果，本书认为生态环境保护在资源枯竭型城市扶持政策影响环境全要素生产率增长的过程中发挥了部分中介效应。

表6-6 中介效应检验（3）：资源枯竭型城市扶持政策与技术进步的共同影响

变量	环境全要素生产率增长		
	（1）	（2）	（3）
SREC	0.0589***	0.0428***	0.0198***
	（0.0033）	（0.0056）	（0.0008）
生态环境保护	0.5524***	0.3787***	0.2751***
	（0.0898）	（0.0287）	（0.0771）
控制变量	控制	控制	控制
城市固定效应	控制	控制	控制
年份固定效应	控制	控制	控制
常数项	0.0861	−0.0851	0.0854**
	（0.1842）	（0.1874）	（0.0377）
调整的 R^2	0.9537	0.9644	0.9551
观察值	4 639	4 639	4 639
城市样本数	276	276	276

6.2.2 稳健性分析

中介效应模型验证了资源枯竭型城市扶持政策的污染防控效应，然而，估计结果可能会由于变量衡量方式的不同而产生较大的差异。为了检验污染防控效应在资源枯竭型城市扶持政策影响环境全要素生产率增长过程中所发挥机制作用的稳健性，本书将污染防控效应中的环境规制与生态环境保护分别除以年末总人口以及地区生产总值，从人均层面以及单位地区生产总值层面探讨环境规制以及生态环境保护在资源枯竭型城市扶持政策影响环境全要素生产率增长过程中所发挥的机制作用，同时对中介效应的估计结果进行稳健性检验。

由于在中介效应模型中，第一个方程与机制变量无关，因此主要通过对中介效应模型中第二个和第三个方程中的机制变量进行人均化处理与单位地区生产总值处理，以确保中介效应估计结果的稳健性。使用工业烟粉尘排放量来表征环境规制力度，使用植被固碳量来表征生态环境保护，并将这两个变量除以年末总人口，从人均层面对资源枯竭型城市扶持政策对污染防控效应的影响以及资源枯竭型城市扶持政策与污染防控效应对环境全要素生产率增长的共同影响进行分析。

表6-7报告了估计结果。第（1）列的结果表明，在进行人均化处理之后，资源枯竭型城市扶持政策仍然能够显著抑制工业烟粉尘排放量，说明资源枯竭型城市扶持政策可以增加环境规制力度；第（2）列的结果表明，在加入以工业烟粉尘排放量为表征的环境规制后，资源枯竭型城市扶持政策对环境全要素生产率增长的促进作用减少，并且环境规制对环境全要素生产率增长的影响作用显著。综合第（1）、（2）列的结果，本书认为在人均层面上，环境规制仍然在资源枯竭型城市扶持政策影响环境全要素生产率增长的过程中发挥了部分中介效应。这也证明了针对环境规制的中介效应模型估计结果的稳健性。

表6-7 　　　　　　　　　　　　稳健性分析：人均水平

变量	环境规制	ETFP	生态环境保护	ETFP
	（1）	（2）	（3）	（4）
SREC	−0.4818***	0.1827***	0.1328***	0.2741***
	（0.0534）	（0.0095）	（0.0374）	（0.0284）
环境规制		−0.0727***		
		（0.0048）		
生态环境保护				0.2847***
				（0.0380）
控制变量	控制	控制	控制	控制
城市固定效应	控制	控制	控制	控制

变量	环境规制	ETFP	生态环境保护	ETFP
	（1）	（2）	（3）	（4）
年份固定效应	控制	控制	控制	控制
常数项	0.0384	−0.0178	0.0438	0.0225
	（0.0657）	（0.0666）	（0.1116）	（0.0777）
调整的 R^2	0.9436	0.9545	0.9522	0.9463
观察值	4 639	4 639	4 639	4 639
城市样本数	276	276	276	276

表6-7第（3）、（4）列报告了在人均层面上，以植被固碳量为表征的生态环境保护所发挥的机制作用。可以发现，资源枯竭型城市扶持政策能够显著提升以植被固碳量为表征的生态环境保护，并且随着生态环境保护的加入，资源枯竭型城市扶持政策对环境全要素生产率增长的促进作用减小，同时生态环境保护对环境全要素生产率增长的促进作用显著，说明在人均层面上，生态环境保护仍然能够在资源枯竭型城市扶持政策影响环境全要素生产率增长的过程中发挥部分中介效应。

在针对中介效应模型估计结果的稳健性检验中，除了对机制变量进行人均化处理，本书还将机制变量除以地区生产总值，以进行稳健性检验。表6-8第（1）、（2）列报告了单位地区生产总值的环境规制发挥的机制作用，第（3）、（4）列报告了单位地区生产总值的生态环境保护发挥的机制作用。可以发现，无论是以单位地区生产总值的工业烟粉尘排放量为表征的环境规制，还是以单位地区生产总值的植被固碳量为表征的生态环境保护，在资源枯竭型城市扶持政策影响环境全要素生产率增长的过程中都呈现出部分中介效应。在加入污染防控效应的考虑之后，资源枯竭型城市扶持政策对环境全要素生产率增长的影响减弱，污染防控效应对环境全要素生产率增长影响显著。

表6-8   稳健性分析：单位生产总值水平

变量	环境规制	ETFP	生态环境保护	ETFP
	(1)	(2)	(3)	(4)
SREC	−0.0935***	0.0688***	0.2871***	0.8851***
	(0.0374)	(0.0185)	(0.0674)	(0.0087)
环境规制		−0.3841***		
		(0.0229)		
生态环境保护				0.3654***
				(0.0158)
控制变量	控制	控制	控制	控制
城市固定效应	控制	控制	控制	控制
年份固定效应	控制	控制	控制	控制
常数项	0.0912	−0.0257	0.0054	−0.0394
	(0.9741)	(0.3815)	(0.0997)	(0.0645)
调整的 R^2	0.9376	0.9586	0.9617	0.9557
观察值	4 639	4 639	4 639	4 639
城市样本数	276	276	276	276

6.3   本章小结

本章采用中介效应模型，从污染防控效应的视角出发，对资源枯竭型城市扶持政策影响环境全要素生产率增长的作用机制进行了实证检验。

本章的主要结论如下：

（1）以空气中二氧化碳、细颗粒物等环境污染物的浓度为机制变量时，通过中介效应模型的检验可以发现，资源枯竭型城市扶持政策的实施可以通过降低空气中的二氧化碳、细颗粒物等环境污染物的排放量提升环境全要素生产率增长，并且二氧化碳与细颗粒物等环境污染物起到了部分中介效应的作用。上述结果在使用人均变量以及强度变量的稳健性检验过程中，结果依然保持稳健，证明了资源枯竭型城市扶持政策可以通过降低空气中二氧化碳、细颗粒物等环境污染物的浓度来提高环境全要素生产率增长。

（2）以工业烟粉尘、二氧化硫以及工业废水等工业生产排放量为机制变量时，利用中介效应模型进行检验，发现资源枯竭型城市扶持政策可以通过降低工业烟粉尘、二氧化硫以及工业废水等工业生产过程中的污染物排放量提高资源枯竭型城市的环境全要素生产率增长，并且工业烟粉尘、二氧化硫以及工业废水等工业生产物排放量发挥了部分中介效应。上述结果在将污染变量进行单位工业总产值等替换后，仍然在资源枯竭型城市扶持政策影响环境全要素生产率增长的过程中发挥了部分中介效应。这一结论与结论（1）共同证明了资源枯竭型城市扶持政策能够通过污染防控效应促进环境全要素生产率增长。

（3）对于其他影响污染防控效应的控制变量而言，地区生产总值和人口规模变量增加了二氧化碳、细颗粒物等环境污染物的排放，与经济理论相符；政府公共预算支出的提升能够降低二氧化碳、细颗粒物等污染物的浓度与排放量，说明资源枯竭型城市的地方政府将更多的中央扶持资金以及预算的重心投入到了污染防治、生态环境保护以及经济的转型发展中，表现出了资源枯竭型城市扶持政策的政策效应。

7 结论与政策含义

7.1 结论

随着中国经济从高速增长向高质量发展转变，如何在发展经济的过程中减少能源消耗与污染排放，实现经济的绿色、协调、高质量以及可持续发展，满足人民的获得感、幸福感以及对新时代美好生活的向往，是政策界以及学术界所重点关注的命题。在中国经济转型发展的过程中，资源枯竭型城市由于其以资源产业为主的发展模式，导致产业结构单一，并且在经济产出的过程中消耗了大量的能源，排放了大量的环境污染物。另外，"资源诅咒""荷兰病"等现象的出现不仅使得该地区面临经济转型发展、持续发展以及绿色发展等多重难题，还会减缓或者阻碍中国经济向高质量发展的整体转型进度，因此，如何实现资源枯竭型城市的转型发展、高质量发展，成为了中国经济转型发展过程中所必须关注的问题。由于以中央政府财力性转移支付为主的资源枯竭型城市扶持政策是促进资源枯竭型城市经济转型发展的重要途径，因此，对资源枯竭型城市扶持政策进行政策效果评估，不仅能够检验资源枯竭型城市扶持政策的实施情况，为政策制定者提供相关的建议，还能够促进资源枯竭型城市的转型发展，进而助力中国经济向高质量发展全面转型。

然而，在针对资源枯竭型城市扶持政策以及资源枯竭型城市转型的相关研究中，文献更多关注了资源枯竭型城市扶持政策对资源枯竭型城市的经济以及就业等方面的影响，或通过指标体系的构建与测算评价了资源枯竭型城市的转型绩效，或针对某一资源枯竭型城市进行理论说明以及案例分析。在中国经济转型发展、绿色发展以及高质量发展的背景下，文献缺乏对资源枯竭型城市扶持政策影响资源枯竭型城市经济高质量发展的系统研究。有鉴于此，本书在分析资源枯竭型城市扶持政策的制度背景以及环境全要素生产率增长特征事实的基础上，结合中国经济的实际状况，在增加对环境约束的考虑下，构建了包含制造业企业以及环境污染治理企业的两部门模型，并从理论层面出发，利用比较静态分析等方法考察了资源枯竭型城市扶持政策对环境全要素生产率增长的影响，将影响机制归纳为"转型发展效应"和"污染防控效应"两类。首先使用数据包络分析方法，将资本、劳动以及能源作为投入要素，将地区生产总值作为期望产出，将二氧化碳排放量、细颗粒物浓度等环境污染物作为非期望产出，通过对前沿面的修正更加精确地测算了中国城市层面的环境全要素生产率增长。其次，利用2003—2020年中国276个城市的面板数据，使用双重差分模型实证检验了资源枯竭型城市扶持政策对以环境全要素生产率增长为表征的经济高质量发展的影响效应。最后，通过中介效应模型对资源枯竭型城市扶持政策影响环境全要素生产率增长的两大机制进行实证检验。

本书的研究结论如下：

第一，理论分析表明，资源枯竭型城市的环境全要素生产率增长与制造业企业以及环境污染治理企业密切相关。具体来说，资源枯竭型城市的环境全要素生产率增长受自然资源消耗、产业结构、生产技术水平、二氧化碳、细颗粒物等环境污染物的排放规模以及政府的政策引导与环境规制强度的影响。在资源枯竭型城市中，丰富的自然资源所导致的资源产业繁荣会引发"资源诅咒""荷兰病"等现象，使得资源枯竭型城市以资源产业为主,并且产业结构单一,生产效率低下,能源消耗以及污染排放较高,经济增长缓慢。产业结构的转型升级、生产技术的进步、空气中污染物浓度的减少以及工业生产过程中产生的污染物排放减少,均能有效提高环境全要素生产率。资源枯竭型城市扶持政策能够通过促进产业结构转型升级、生产技术进步(转型发展效应)以及减少空气中污染物浓度、工业生产污染物排放强度(污染防控效应)以实现环境全要素生产率增长。

第二,理论分析得到的资源枯竭型城市扶持政策与环境全要素生产率增长之间的关系在实证检验中得到了验证。资源枯竭型城市扶持政策的实施能够促进环境全要素生产率增长。这意味着资源枯竭型城市扶持政策能够实现资源枯竭型城市经济转型发展、可持续发展的政策目标,使用更少的自然资源创造更多的经济产出,同时减少二氧化碳、细颗粒物等环境污染物的排放,最终实现经济的高质量发展。资源枯竭型城市扶持政策促进环境全要素生产率增长主要来源于转型发展效应以及污染防控效应。对于转型发展效应来说,一方面,资源枯竭型城市扶持政策能够促使资源枯竭型城市中的产业结构转型升级,由以资源产业为主、能耗高、效率低、排污严重的生产模式转变为以能耗低、效率高、污染少的生产模式为主;另一方面,资源枯竭型城市扶持政策也能够促进资源枯竭型城市中的技术进步,即通过生产技术的更新,在消耗相同自然资源的情况下,创造更多的经济产出,同时排放更少的环境污染物。对于污染防控效应来说,资源枯竭型城市扶持政策不仅能够减少资源枯竭型城市大气中二氧化碳、细颗粒物等环境污染物的浓度,同时还能够减少工业废水、工业二氧化硫等工业生产过程中多种污染物的排放。就其他控制变量而言,第二产业从业人员比重、规模以上工业企业数、规模以上工业总产值以及工业用电量等产业变量对环境全要素生产率增长表现出显著的抑制效应,表明以自然资源开采、加工为主的资源产业存在生产技术低、能耗高以及污染严重等问题;固定资产投资也对环境全要素生产率增长表现出抑制效应,说明样本期间中国经济以过度投资、重复建设为主,而非设备更新、技术进步;经济增长在环境全要素生产率增长的过程中呈现出积极的影响效应，说明在样本期间中国经济的转型发展使得产业结构向绿色化、低碳化方向进行转型升级，生产技术进步，污染排放减少。总的来说，资源枯竭型城市扶持政策能够通过转型发展效应以及污染防控效应促进环境全要素生产率增长，并且通过了多种稳健性检验。

第三，异质性分析的结果表明，资源枯竭型城市扶持政策在中西部地区、中小城市以及以煤炭、石油等资源为主的资源枯竭型城市中能够更加有效地促进环境全要素生产率增长。经济方面，与东部地区相比，中西部地区的资源枯竭型城市经济发展水平以及生产技术等更加落后（邓仲良和张可云，2020），因此，以中央政府财力性转移支付为主要扶持手段的资源枯竭型城市扶持政策在中西部地区有更高的边际收益。人口方面，与国外资源枯竭型城市的情况不同，中国资源枯竭型城市的人口众多，是经济转型发展过程中需要重点考虑的因素。一方面，人口规模较大的资源枯竭型城市政府需要花费更多的人力、物力以及财力进行基础设施的建设，维持当地居民的生活；另一方面，人口规模大的资源枯竭型城市中从事资源型产业的劳动力相对更多，随着自然资源的枯竭，工资水平以及失业人数也相对更多，为了维护资源枯竭型城市就业水平以及社会稳定，当地政府也会选择将更多的中央政府财力性转移支付用于扶持效率更低的资源型产业。因此，人口规模小的中小城市的政府可以将更多的中央政府财力性转移支付用于产业结构转型升级、生产技术进步以及减少污染物排放等，从而更加高效地促进环境全要素生产率增长。资源种类方面，以煤炭、石油为主要能源的资源枯竭型城市在资源充足时期会形成一系列与资源开采、加工、消耗等相关的产业链。资源枯竭型城市扶持政策可以促进这些资源枯竭型城市的产业向产业链的下游延伸，从而实现由以能源为主、高排放、低效率的生产模式向以服务绿色发展为主的生产模式转变。同时，以森林工业为主的资源枯竭型城市，其森林资源本身就能起到吸收二氧化碳、净化空气等的作用，因而资源枯竭型城市扶持政策在这类城市中的边际效用更小。

第四，对资源枯竭型城市扶持政策的转型发展效应的机制分析表明，资源枯竭型城市扶持政策可以通过促进资源枯竭型城市中产业结构的转型升级以及生产技术进步实现环境全要素生产率增长。对于转型发展效应中的产业结构转型升级因素,中介效应模型的分析结果表明,资源枯竭型城市扶持政策不仅能够显著促进环境全要素生产率增长,还能够促进产业结构的转型升级,并且在加入产业结构转型升级的考虑之后,资源枯竭型城市扶持政策对环境全要素生产率增长的影响变小,产业结构转型升级对环境全要素生产率增长的影响显著。这说明产业结构转型升级在资源枯竭型城市扶持政策影响环境全要素生产率增长的过程中起到了部分中介效应。可能的解释如下:一方面,中央政府对资源枯竭型城市财力性转移支付的资金支持能够促使地方政府提高要素配置效率,促进能源结构转型,进而引导相关产业进行内部绿色转型升级;另一方面,以促进资源枯竭型城市产业结构转型升级为目标的资源枯竭型城市扶持政策能够有效激励高能耗和高排放的产业部门进行低碳转型或产业转移,从而推动地区产业结构向绿色、低碳的方向转变。对于转型发展效应中的技术进步因素,中介效应模型的分析结果表明,资源枯竭型城市扶持政策既可以促进环境全要素生产率增长,也可以促进技术进步,并且在加入对技术进步因素的考虑之后,资源枯竭型城市扶持政策对环境全要素生产率增长的影响变小。可能的解释是,中央政府对资源枯竭型城市的财力性转移支付使得当地政府能够激发资源型企业的创新动力,如资源枯竭型城市的政府部门可以通过产业政策的制定引导相关企业实现技术进步,也可以通过税收减免、创新补贴等措施增加相关企业的研发投入,保障工业企业技术创新活动的正常开展,并最终实现技术进步(刘诗源等,2020)。

第五,理论分析中对资源枯竭型城市扶持政策通过污染防控效应促进环境全要素生产率增长也在经验研究中得以验证。资源枯竭型城市扶持政策可以减少资源枯竭型城市空气中二氧化碳、细颗粒物等环境污染物的浓度,减少工业生产过程中废水、废气等的排放,最终实现环境全要素生产率增长。对污染防控效应的中介效应分析结果表明,资源枯竭型城市扶持政策不仅能够促进环境全要素生产率增长,还能够减少空气中污染物的浓度以及工业生产过程中废水、废气等污染物的排放量。在加入对污染防控效应的考虑之后,资源枯竭型城市扶持政策对环境全要素生产率增长的影响减小,并且污染防控效应对环境全要素生产率增长的影响显著，说明污染防控效应起到了部分中介效应。可能的原因如下：一方面，在实施可持续发展、绿色发展的资源枯竭型城市扶持政策背景下，地方政府加强了对当地资源产业的环境规制力度，使得企业过度排放污染物会形成额外的生产成本；另一方面，植树造林、增加绿化面积等辅助措施也有利于吸收空气中的二氧化碳、细颗粒物等环境污染物。

7.2　政策含义

本书以资源枯竭型城市为样本，从理论与实证两个方面系统地研究了资源枯竭型城市扶持政策对以环境全要素生产率增长为表征的经济高质量发展的影响效应及作用机制，研究结论可为资源枯竭型城市的转型发展、地方政府政策的制定以及中国经济向高质量发展转型提供一定政策启示。

第一，中央政府应适度加强对资源枯竭型城市的扶持力度。本书的研究证明了以中央政府财力性转移支付为主要手段、以促进资源枯竭型城市经济增长模式向可持续发展和绿色发展转型为主要目标的资源枯竭型城市扶持政策能够促进环境全要素生产率增长。因此，为了更加高效地促使资源枯竭型城市的转型发展、高质量发展，一方面，中央政府可以适度增加对资源枯竭型城市的财力性转移支付力度，使得资源枯竭型城市政府在促使经济转型的过程中得到更多的财政支持；另一方面，中央政府也可以适度增加促进资源枯竭型城市转型发展的政策措施。现行的资源枯竭型城市扶持政策主要是中央政府对资源枯竭型城市政府进行财力性转移支付，资源枯竭型城市政府负责制定具体的转型政策，为了更高效地促进资源枯竭型城市的转型，中央政府可从国家层面直接制定相关的转型政策与激励措施，这样不仅提高了资源枯竭型城市扶持政策的政策效力，也能对地方政府起到一定的规制与监督作用，并最终通过资源枯竭型城市扶持政策更加高效地促进资源枯竭型城市的转型发展与环境全要素生产率增长。

第二，地方政府要通过制定合理的产业政策与配套措施，持续推进

资源枯竭型城市的产业结构转型升级与生产技术进步。通过本书的理论
与实证分析可知，资源枯竭型城市扶持政策能够通过转型发展效应促进
环境全要素生产率增长，包括促进产业结构的转型升级与生产技术进
步。因此，为了实现资源枯竭型城市的高效转型、环境全要素生产率增
长，一方面，资源枯竭型城市政府可以通过产业政策的制定与实施，引
导当地资源产业向绿色、低碳方向转型，或由以资源的开采、加工为主
的第二产业向第三产业升级；另一方面，资源枯竭型城市政府也可以通
过税收减免、创新补贴等政策措施激励与资源开采、加工相关的工业企
业加大技术研发力度，实现资源枯竭型城市工业生产整体的技术进步。
产业结构向高效生产的转型、向绿色生产的升级，生产技术的进步能够
减少自然资源的消耗，并且在获得更多的经济产出的同时排放更少的二
氧化碳等环境污染物，最终实现环境全要素生产率增长。

　　第三，地方政府部门不仅要加大对当地资源产业的环境规制力度，
减少工业生产过程中环境污染物的排放，还要通过植树造林、增加绿化
面积等的方式，提高对环境污染物的吸收能力。资源枯竭型城市扶持政
策可以通过污染防控效应促进环境全要素生产率增长，一方面，地方政
府要加强对当地资源产业的环境规制力度，通过罚款等方式将工业企业
生产排污的外部效应内部化，从生产端降低环境污染物的排放；另一方
面，资源枯竭型城市政府也要增加当地的植被覆盖率，通过森林、草地
等植被增加植被固碳量，加强对环境的净化，从而实现资源枯竭型城市
环境全要素生产率增长以及经济的高质量发展。

　　第四，在资源枯竭型城市扶持政策目标下，中央政府重点推进中西
部地区、大城市以及以煤炭、石油资源为主的资源枯竭型城市的转型，
同时各个地方政府要根据自身的经济增长、资源禀赋等实际情况因地制
宜地实施政策、制定转型目标，防止政策出现"一刀切"现象。各个资
源枯竭型城市由于经济发展程度、人口规模、资源禀赋均不相同，因此
需要根据各个资源枯竭型城市扶持政策的特征，因地制宜开展资源枯竭
型城市扶持政策。从中央政府的角度来说，中西部地区经济发展水平较
低，基础设施建设等方面相对落后，资源枯竭型城市扶持政策在中西部
地区的边际收益更高，因此，中央政府在实施资源枯竭型城市扶持政策

的过程中，可以增加对中西部地区的财力性转移支付，以提高资源枯竭型城市扶持政策的效率。对于人口规模较大的资源枯竭型城市来说，人口带来的财政压力使得当地政府用于转型发展的财政空间被挤压，从而无法发挥出中央政府财力性转移支付应有的作用，对此，中央政府也需要增加对人口规模较大的资源枯竭型城市的财力性转移支付，以缓解人口给资源枯竭型城市转型带来的压力。从地方政府的角度来说，各个地方政府要根据自身的经济发展水平、人口规模以及资源禀赋等制订符合自身发展前景的转型方案，一方面，要结合自身的发展特征、优势等，通过资源枯竭型城市扶持政策的实施稳步推进经济的转型发展，促进资源枯竭型城市的环境全要素生产率增长；另一方面，资源枯竭型城市扶持政策的具体实施也不能急功近利，制订出不符合自身发展实际的转型发展方案，过于激进的改革措施非但不能有效提高资源枯竭型城市的改革效率，反而会阻碍转型发展的进程，抑制资源枯竭型城市环境全要素生产率增长。

第五，资源枯竭型城市的政府部门应充分发挥引领带头作用，不仅要在政策实施的过程中充分考虑产业变量等各个因素的对政策效果的影响，还要促使资源枯竭型城市中各个部门相互协调、相互配合，并在资源枯竭型城市扶持政策的目标下发挥出最大的作用。一方面，由于产业变量以及固定资产投资等对环境全要素生产率增长起到抑制作用，因此，政府部门在具体实施资源枯竭型城市扶持政策的过程中要警惕过度投资以及重复投资导致的产能过剩问题；另一方面，由于各个部门都能够对环境全要素生产率产生影响，因此政府部门也应发挥出应有的带头作用，充分发挥出各个部门的比较优势，同时相互协调、取长补短，更加高效地促进资源枯竭型城市环境全要素生产率增长。

参考文献

[1]   安同良，千慧雄.中国企业 RD 补贴策略：补贴阈限、最优规模与模式选择
       [J]．经济研究，2021，56（1）：122-137.

[2]   蔡庆丰，陈熠辉，林焜.信贷资源可得性与企业创新：激励还是抑制？——
       基于银行网点数据和金融地理结构的微观证据 [J]．经济研究，2020，55
       （10）：124-140.

[3]   曹子阳，吴志峰，匡耀求，等.DMSP/OLS 夜间灯光影像中国区域的校正及
       应用 [J]．地球信息科学学报，2015，17（9）：1092-1102.

[4]   陈爱贞，陈凤兰，何诚颖.产业链关联与企业创新 [J]．中国工业经济，
       2021，（9）：80-98.

[5]   陈梦根，侯园园.中国行业劳动投入和劳动生产率：2000—2018 [J]．经
       济研究，2021，56（5）：109-126.

[6]   陈诗一，陈登科.雾霾污染、政府治理与经济高质量发展 [J]．经济研究，
       2018，53（2）：20-34.

[7]   程名望，贾晓佳，仇焕广.中国经济增长（1978—2015）：灵感还是汗水？
       [J]．经济研究，2019，54（7）：30-46.

[8]   邓辉，甘天琦，涂正革.大气环境治理的中国道路——基于中央环保督察制
       度的探索 [J]．经济学（季刊），2021，21（5）：1591-1614.

[9]   邓仲良，张可云.中国经济增长的空间分异为何存在？——一个空间经济学
       的解释 [J]．经济研究，2020，55（4）：20-36.

[10]   丁菊红，邓可斌.政府干预、自然资源与经济增长：基于中国地区层面的研

究 [J]. 中国工业经济, 2007 (7): 56-64.

[11] 董直庆, 王辉.城市财富与绿色技术选择 [J]. 经济研究, 2021, 56 (4): 143-159.

[12] 董直庆, 王辉.市场型环境规制政策有效性检验——来自碳排放权交易政策视角的经验证据 [J]. 统计研究, 2021, 38 (10): 48-61.

[13] 杜龙政, 赵云辉, 陶克涛, 等.环境规制、治理转型对绿色竞争力提升的复合效应——基于中国工业的经验证据 [J]. 经济研究, 2019, 54 (10): 106-120.

[14] 范剑勇, 刘念, 刘莹莹.地理距离、投入产出关系与产业集聚 [J]. 经济研究, 2021, 56 (10): 138-154.

[15] 盖庆恩, 朱喜, 程名望, 等.土地资源配置不当与劳动生产率 [J]. 经济研究, 2017, 52 (5): 117-130.

[16] 郭峰, 石庆玲.官员更替、合谋震慑与空气质量的临时性改善 [J]. 经济研究, 2017, 52 (7): 155-168.

[17] 郭峰, 熊瑞祥.地方金融机构与地区经济增长——来自城商行设立的准自然实验 [J]. 经济学 (季刊), 2018, 17 (1): 221-246.

[18] 郭水珍, 严丹屏.资源枯竭型城市产业结构优化升级研究 [J]. 管理学报, 2012, 9 (3): 446-450.

[19] 韩超, 王震, 田蕾.环境规制驱动减排的机制: 污染处理行为与资源再配置效应 [J]. 世界经济, 2021, 44 (8): 82-105.

[20] 韩永辉, 黄亮雄, 王贤彬.产业政策推动地方产业结构升级了吗?——基于发展型地方政府的理论解释与实证检验 [J]. 经济研究, 2017, 52 (8): 33-48.

[21] 胡晓辉, 张文忠.制度演化与区域经济弹性——两个资源枯竭型城市的比较 [J]. 地理研究, 2018, 37 (7): 1308-1319.

[22] 胡志高, 李光勤, 曹建华.环境规制视角下的区域大气污染联合治理——分区方案设计、协同状态评价及影响因素分析 [J]. 中国工业经济, 2019 (5): 24-42.

[23] 黄远浙, 钟昌标, 叶劲松, 等.跨国投资与创新绩效——基于对外投资广度和深度视角的分析 [J]. 经济研究, 2021, 56 (1): 138-154.

[24] 贾宗穆, 张婧屹.研发效率、知识产权保护与经济繁荣 [J]. 财经研究, 2022, 48 (7): 138-153.

[25] 寇宗来, 刘学悦.中国企业的专利行为: 特征事实以及来自创新政策的影响 [J]. 经济研究, 2020, 55 (3): 83-99.

[26] 黎文靖, 郑曼妮.实质性创新还是策略性创新?——宏观产业政策对微观企业创新的影响 [J]. 经济研究, 2016, 51 (4): 60-73.

[27] 李宝礼，邵帅，张学斌.中国土地供给的空间错配与环境污染转移——来自城市层面的经验证据［J］.中南大学学报（社会科学版），2020，26（6）：103-118.

[28] 李丁，张艳，马双，等.大气污染的劳动力区域再配置效应和存量效应［J］.经济研究，2021，56（5）：127-143.

[29] 李虹，邹庆.环境规制、资源禀赋与城市产业转型研究——基于资源型城市与非资源型城市的对比分析［J］.经济研究，2018，53（11）：182-198.

[30] 李江龙，徐斌."诅咒"还是"福音"：资源丰裕程度如何影响中国绿色经济增长？［J］.经济研究，2018，53（9）：151-167.

[31] 李青原，肖泽华.异质性环境规制工具与企业绿色创新激励——来自上市企业绿色专利的证据［J］.经济研究，2020，55（9）：192-208.

[32] 李小平，李小克.偏向性技术进步与中国工业全要素生产率增长［J］.经济研究，2018，53（10）：82-96.

[33] 李小平，余东升.FDI的空间集聚是否影响了环境全要素生产率？——基于中国285个城市的空间面板分析［J］.科研管理，2021，42（8）：160-167.

[34] 李兴，刘自敏，杨丹，等.电力市场效率评估与碳市场价格设计——基于电碳市场关联视角下的传导率估计［J］.中国工业经济，2022（1）：132-150.

[35] 林伯强，李江龙.基于随机动态递归的中国可再生能源政策量化评价［J］.经济研究，2014，49（4）：89-103.

[36] 林志帆，刘诗源.税收激励如何影响企业创新？——来自固定资产加速折旧政策的经验证据［J］.统计研究，2022，39（1）：91-105.

[37] 刘春林，田玲.人才政策"背书"能否促进企业创新［J］.中国工业经济，2021（3）：156-173.

[38] 刘江华，邵帅，姜欣.城市化进程对能源消费的影响：我们离世界水平还有多远？——基于国内和国际数据的比较考察［J］.财经研究，2015，41（2）：111-122.

[39] 刘乐淋，杨毅柏.宏观税负、研发补贴与创新驱动的长期经济增长［J］.经济研究，2021，56（5）：40-57.

[40] 刘乃全，吴友.长三角扩容能促进区域经济共同增长吗［J］.中国工业经济，2017（6）：79-97.

[41] 刘啟仁，赵灿.税收政策激励与企业人力资本升级［J］.经济研究，2020，55（4）：70-85.

[42] 刘瑞翔，安同良.资源环境约束下中国经济增长绩效变化趋势与因素分析——基于一种新型生产率指数构建与分解方法的研究［J］.经济研究，

2012, 47 (11): 34-47.

[43] 刘诗源, 林志帆, 冷志鹏. 税收激励提高企业创新水平了吗? ——基于企业生命周期理论的检验 [J]. 经济研究, 2020, 55 (6): 105-121.

[44] 刘晓光, 龚斌磊. 面向高质量发展的新增长分析框架、TFP测度与驱动因素 [J]. 经济学 (季刊), 2022, 22 (2): 613-632.

[45] 刘修岩. 空间效率与区域平衡: 对中国省级层面集聚效应的检验 [J]. 世界经济, 2014, 37 (1): 55-80.

[46] 陆菁, 鄢云, 王韬璇. 绿色信贷政策的微观效应研究——基于技术创新与资源再配置的视角 [J]. 中国工业经济, 2021 (1): 174-192.

[47] 庞智强, 王必达. 资源枯竭地区经济转型评价体系研究 [J]. 统计研究, 2012, 29 (2): 73-79.

[48] 齐绍洲, 林屾, 崔静波. 环境权益交易市场能否诱发绿色创新? ——基于我国上市公司绿色专利数据的证据 [J]. 经济研究, 2018, 53 (12): 129-143.

[49] 钱浩祺, 吴力波, 任飞州. 从"鞭打快牛"到效率驱动: 中国区域间碳排放权分配机制研究 [J]. 经济研究, 2019, 54 (3): 86-102.

[50] 邵帅, 范美婷, 杨莉莉. 经济结构调整、绿色技术进步与中国低碳转型发展——基于总体技术前沿和空间溢出效应视角的经验考察 [J]. 管理世界, 2022, 38 (2): 46-69; 4-10.

[51] 邵帅, 范美婷, 杨莉莉. 资源产业依赖如何影响经济发展效率? ——有条件资源诅咒假说的检验及解释 [J]. 管理世界, 2013 (2): 32-63.

[52] 邵帅, 李欣, 曹建华. 中国的城市化推进与雾霾治理 [J]. 经济研究, 2019, 54 (2): 148-165.

[53] 邵帅, 李欣, 曹建华, 等. 中国雾霾污染治理的经济政策选择——基于空间溢出效应的视角 [J]. 经济研究, 2016, 51 (9): 73-88.

[54] 邵帅, 李兴. 市场导向型低碳政策能否推动经济高质量发展? ——来自碳排放权交易试点的证据 [J]. 广东社会科学, 2022 (2): 33-45.

[55] 邵帅, 杨莉莉, 黄涛. 能源回弹效应的理论模型与中国经验 [J]. 经济研究, 2013, 48 (2): 96-109.

[56] 邵帅, 杨莉莉. 自然资源丰裕、资源产业依赖与中国区域经济增长 [J]. 管理世界, 2010 (9): 26-44.

[57] 邵帅, 杨莉莉. 自然资源开发、内生技术进步与区域经济增长 [J]. 经济研究, 2011, 46 (S2): 112-123.

[58] 邵帅, 尹俊雅, 王海, 等. 资源产业依赖对僵尸企业的诱发效应 [J]. 经济研究, 2021, 56 (11): 138-154.

[59] 邵帅, 张可, 豆建民. 经济集聚的节能减排效应: 理论与中国经验 [J]. 管理世界, 2019, 35 (1): 36-60; 226.

[60] 邵帅, 张曦, 赵兴荣. 中国制造业碳排放的经验分解与达峰路径——广义迪氏指数分解和动态情景分析 [J]. 中国工业经济, 2017 (3): 44-63.

[61] 沈坤荣, 金刚, 方娴. 环境规制引起了污染就近转移吗? [J]. 经济研究, 2017, 52 (5): 44-59.

[62] 宋马林, 刘贯春. 增长模式变迁与中国绿色经济增长源泉——基于异质性生产函数的多部门核算框架 [J]. 经济研究, 2021, 56 (7): 41-58.

[63] 苏丹妮, 盛斌. 产业集聚、集聚外部性与企业减排——来自中国的微观新证据 [J]. 经济学 (季刊), 2021, 21 (5): 1793-1816.

[64] 孙鲲鹏, 罗婷, 肖星. 人才政策、研发人员招聘与企业创新 [J]. 经济研究, 2021, 56 (8): 143-159.

[65] 孙天阳, 陆毅, 成丽红. 资源枯竭型城市扶助政策实施效果、长效机制与产业升级 [J]. 中国工业经济, 2020 (7): 98-116.

[66] 唐未兵, 傅元海, 王展祥. 技术创新、技术引进与经济增长方式转变 [J]. 经济研究, 2014, 49 (7): 31-43.

[67] 田彬彬, 范子英. 征纳合谋、寻租与企业逃税 [J]. 经济研究, 2018, 53 (5): 118-131.

[68] 田文佳, 余靖雯, 龚六堂. 晋升激励与工业用地出让价格——基于断点回归方法的研究 [J]. 经济研究, 2019, 54 (10): 89-105.

[69] 万建香, 汪寿阳. 社会资本与技术创新能否打破"资源诅咒"? ——基于面板门槛效应的研究 [J]. 经济研究, 2016, 51 (12): 76-89.

[70] 王峤, 刘修岩, 李迎成. 空间结构、城市规模与中国城市的创新绩效 [J]. 中国工业经济, 2021 (5): 114-132.

[71] 王永钦, 李蔚, 戴芸. 僵尸企业如何影响了企业创新? ——来自中国工业企业的证据 [J]. 经济研究, 2018, 53 (11): 99-114.

[72] 温忠麟, 叶宝娟. 中介效应分析: 方法和模型发展 [J]. 心理科学进展, 2014, 22 (5): 731-745.

[73] 解振华. 加大节能减排的攻坚力度 [J]. 求是, 2008 (6): 17-20.

[74] 熊志军. 关于进一步规范和完善企业市场退出机制的思考 [J]. 南方经济, 2001 (7): 12-14; 80.

[75] 徐斌, 陈宇芳, 沈小波. 清洁能源发展、二氧化碳减排与区域经济增长 [J]. 经济研究, 2019, 54 (7): 188-202.

[76] 徐业坤, 马光源. 地方官员变更与企业产能过剩 [J]. 经济研究, 2019, 54 (5): 129-145.

[77] 杨国超，芮萌.高新技术企业税收减免政策的激励效应与迎合效应 [J]. 经济研究，2020，55（9）：174-191.

[78] 杨莉莉，邵帅，曹建华.资源产业依赖对中国省域经济增长的影响及其传导机制研究——基于空间面板模型的实证考察 [J]. 财经研究，2014，40（3）：4-16.

[79] 杨莉莎，朱俊鹏，贾智杰.中国碳减排实现的影响因素和当前挑战——基于技术进步的视角 [J]. 经济研究，2019，54（11）：118-132.

[80] 杨耀武，张平.中国经济高质量发展的逻辑、测度与治理 [J]. 经济研究，2021，56（1）：26-42.

[81] 杨振兵，邵帅，杨莉莉.中国绿色工业变革的最优路径选择——基于技术进步要素偏向视角的经验考察 [J]. 经济学动态，2016（1）：76-89.

[82] 叶祥松，刘敬.异质性研发、政府支持与中国科技创新困境 [J]. 经济研究，2018，53（9）：116-132.

[83] 叶祥松，刘敬.政府支持与市场化程度对制造业科技进步的影响 [J]. 经济研究，2020，55（5）：83-98.

[84] 尹恒，张子尧.产品市场扭曲与资源配置效率：异质性企业加成率视角 [J]. 经济研究，2021，56（11）：119-137.

[85] 余泳泽，潘妍.中国经济高速增长与服务业结构升级滞后并存之谜——基于地方经济增长目标约束视角的解释 [J]. 经济研究，2019，54（3）：150-165.

[86] 余泳泽，孙鹏博，宣烨.地方政府环境目标约束是否影响了产业转型升级？[J]. 经济研究，2020，55（8）：57-72.

[87] 余壮雄，陈婕，董洁妙.通往低碳经济之路：产业规划的视角 [J]. 经济研究，2020，55（5）：116-132.

[88] 张复明，景普秋.资源型经济的形成：自强机制与个案研究 [J]. 中国社会科学，2008（5）：117-130；207.

[89] 张建鹏，陈诗一.金融发展、环境规制与经济绿色转型 [J]. 财经研究，2021，47（11）：78-93.

[90] 张杰.中国政府创新政策的混合激励效应研究 [J]. 经济研究，2021，56（8）：160-173.

[91] 张军，陈诗一，Jefferson G H.结构改革与中国工业增长 [J]. 经济研究，2009，44（7）：4-20.

[92] 张军，樊海潮，许志伟，等.GDP增速的结构性下调：官员考核机制的视角 [J]. 经济研究，2020，55（5）：31-48.

[93] 张艳，郑贺允，葛力铭.资源型城市可持续发展政策对碳排放的影响 [J].

财经研究，2022，48（1）：49-63.

[94] 赵奎，后青松，李巍.省会城市经济发展的溢出效应——基于工业企业数据的分析［J］.经济研究，2021，56（3）：150-166.

[95] 赵娜，李光勤，何建宁.省域环境全要素生产率时空差异及其影响因素［J］.经济地理，2021，41（4）：100-107.

[96] 赵阳，沈洪涛，刘乾.中国的边界污染治理——基于环保督查中心试点和微观企业排放的经验证据［J］.经济研究，2021，56（7）：113-126.

[97] 周黎安，陈烨.中国农村税费改革的政策效果：基于双重差分模型的估计［J］.经济研究，2005（8）：44-53.

[98] 周黎安.中国地方官员的晋升锦标赛模式研究［J］.经济研究，2007（7）：36-50.

[99] 周沂，冯皓月，陈晓兰.中央环保督察的震慑效应与我国环境治理机制的完善［J］.经济学动态，2021（8）：33-48.

[100] ACEMOGLU D，AGHION P，BURSZTYN L，et al. The environment and directed technical change［J］. American Economic Review，2012，102（1）：131-166.

[101] AFSHARIAN M，AHN H. The overall Malmquist index：A new approach for measuring productivity changes over time［J］. Annals of Operations Research，2015（226）：1-27.

[102] AGHION P，BACCHETTA P，RANCIERE R，et al. Exchange rate volatility and productivity growth：The role of financial development［J］. Journal of Monetary Economics，2009，56（4）：494-513.

[103] ALESINA A，ZHURAVSKAYA E. Segregation and the quality of government in a cross section of countries［J］. American Economic Review，2011，101（5）：1872-1911.

[104] ANG J B. CO_2 emissions，energy consumption，and output in France［J］. Energy Policy，2007，35（10）：4772-4778.

[105] ANTWEILER W，COPELAND B R，TAYLOR M S. Is free trade good for the environment?［J］. American Economic Review，2001，91（4）：877-908.

[106] AZAM M. Does environmental degradation shackle economic growth? A panel data investigation on 11 Asian countries［J］. Renewable and Sustainable Energy Reviews，2016（65）：175-182.

[107] BAILEY M J，GOODMAN-BACON A. The War on Poverty′s experiment in public medicine：Community health centers and the

mortality of older Americans [J]. American Economic Review, 2015, 105 (3): 1067-1104.

[108] BANKER R D, CHARNES A, COOPER W W. Some models for estimating technical and scale inefficiencies in data envelopment analysis [J]. Management Science, 1984, 30 (9): 1078-1092.

[109] BARTOS P J. Is mining a high-tech industry?: Investigations into innovation and productivity advance [J]. Resources Policy, 2007, 32 (4): 149-158.

[110] BECK T, LEVINE R, LEVKOV A. Big bad banks? The winners and losers from bank deregulation in the United States [J]. The Journal of Finance, 2010, 65 (5): 1637-1667.

[111] BECKER G S, GLAESER E L, MURPHY K M. Population and economic growth [J]. American Economic Review, 1999, 89 (2): 145-149.

[112] BERNINI C, PELLEGRINI G. How are growth and productivity in private firms affected by public subsidy? Evidence from a regional policy [J]. Regional Science and Urban Economics, 2011, 41 (3): 253-265.

[113] BHATTACHARYYA S, HODLER R. Natural resources, democracy and corruption [J]. European Economic Review, 2010, 54 (4): 608-621.

[114] BODEA C, HIGASHIJIMA M, SINGH R J. Oil and civil conflict: Can public spending have a mitigation effect? [J]. World Development, 2016 (78): 1-12.

[115] CARAGLIU A, DEL BO C F. Smart innovative cities: The impact of smart city policies on urban innovation [J]. Technological Forecasting and Social Change, 2019 (142): 373-383.

[116] CHAKRABORTY C, NUNNENKAMP P. Economic reforms, FDI, and economic growth in India: A sector level analysis [J]. World Development, 2008, 36 (7): 1192-1212.

[117] CHEN H, AN J, WEI S, et al. Spatial patterns and risk assessment of heavy metals in soils in a resource-exhausted city, Northeast China [J]. PLoS One, 2015, 10 (9): e0137694.

[118] CHEN J, GAO M, CHENG S, et al. County-level CO_2 emissions and sequestration in China during 1997 - 2017 [J]. Scientific Data, 2020, 7 (1): 391.

[119] CHEN S, GOLLEY J. 'Green' productivity growth in China's industrial economy [J]. Energy Economics, 2014 (44): 89-98.

[120] CHEN X, LIU X, ZHU Q.Comparative analysis of total factor productivity in China's high-tech industries [J]. Technological Forecasting and Social Change, 2022 (175): 121332.

[121] CHEN W, SHEN Y, WANG Y. Evaluation of economic transformation and upgrading of resource-based cities in Shaanxi Province based on an improved TOPSIS method [J]. Sustainable Cities and Society, 2018 (37): 232-240.

[122] CHEN W, CHEN W, NING S, et al. Exploring the industrial land use efficiency of China's resource-based cities [J]. Cities, 2019 (93): 215-223.

[123] CHEN J, ZHUO L, SHI P J, et al. The study on urbanization process in China based on DMSP/OLS data: Development of a light index for urbanization level estimation [J]. Journal of Remote Sensing, 2003, 7 (3): 168-175.

[124] CHUNG Y H, FÄRE R, GROSSKOPF S. Productivity and undesirable outputs: a directional distance function approach [J]. Journal of Environmental Management, 1997, 51 (3): 229-240.

[125] COLE M A, ELLIOTT R J R, OKUBO T. Trade, environmental regulations and industrial mobility: An industry-level study of Japan [J]. Ecological Economics, 2010, 69 (10): 1995-2002.

[126] COONDOO D, DINDA S. Causality between income and emission: a country group-specific econometric analysis [J]. Ecological Economics, 2002, 40 (3): 351-367.

[127] CORDEN W M. Booming sector and Dutch disease economics: survey and consolidation [J]. Oxford Economic Papers, 1984, 36 (3): 359-380.

[128] CORDEN W M, NEARY J P. Booming sector and de-industrialisation in a small open economy [J]. The Economic Journal, 1982, 92 (368): 825-848.

[129] DAVIS G A, TILTON J E. The resource curse [C] //Natural resources forum. Oxford, UK: Blackwell Publishing, Ltd., 2005, 29 (3): 233-242.

[130] DE BRUYN S M, VAN DEN BERGH J C J M, OPSCHOOR J B.

Economic growth and emissions: Reconsidering the empirical basis of environmental Kuznets curves [J]. Ecological Economics, 1998, 25 (2): 161-175.

[131] ELVIDGE C D, SUTTON P C, GHOSH T, et al. A global poverty map derived from satellite data [J]. Computers & Geosciences, 2009, 35 (8): 1652-1660.

[132] FAN M, SHAO S, YANG L. Combining global Malmquist - Luenberger index and generalized method of moments to investigate industrial total factor CO2 emission performance: A case of Shanghai (China) [J]. Energy Policy, 2015 (79): 189-201.

[133] FAN Y, LIU L C, WU G, et al. Analyzing impact factors of CO_2 emissions using the STIRPAT model [J]. Environmental Impact Assessment Review, 2006, 26 (4): 377-395.

[134] FÄRE R, GROSSKOPF S, PASURKA, et al. Accounting for air pollution emissions in measures of state manufacturing productivity growth [J]. Journal of Regional Science, 2001, 41 (3): 381-409.

[135] FRIEDL B, GETZNER M. Determinants of CO_2 emissions in a small open economy [J]. Ecological Economics, 2003, 45 (1): 133-148.

[136] FUJII H, MANAGI S. Which industry is greener? An empirical study of nine industries in OECD countries [J]. Energy Policy, 2013 (57): 381-388.

[137] GHALI K H, EL-SAKKA M I T. Energy use and output growth in Canada: a multivariate cointegration analysis [J]. Energy Economics, 2004, 26 (2): 225-238.

[138] GRIMAUD A, ROUGÉ L. Polluting non-renewable resources, innovation and growth: welfare and environmental policy [J]. Resource and Energy Economics, 2005, 27 (2): 109-129.

[139] GUO P, WANG T, LI D, et al. How energy technology innovation affects transition of coal resource-based economy in China [J]. Energy Policy, 2016 (92): 1-6.

[140] GUO S, ZHANG Y, QIAN X, et al. Urbanization and CO_2 emissions in resource-exhausted cities: Evidence from Xuzhou City, China [J]. Natural Hazards, 2019 (99): 807-826.

[141] GYLFASON T. Natural resources, education, and economic

development [J]. European Economic Review, 2001, 45 (4-6):
847-859.

[142] HALICIOGLU F. The bilateral J-curve: Turkey versus her 13 trading
partners [J]. Journal of Asian Economics, 2008, 19 (3):
236-243.

[143] HAN F, XIE R, FANG J, et al. The effects of urban agglomeration
economies on carbon emissions: Evidence from Chinese cities [J].
Journal of Cleaner Production, 2018 (172): 1096-1110.

[144] HE G, BAO K, WANG W, et al. Assessment of ecological
vulnerability of resource-based cities based on entropy-set pair analysis
[J]. Environmental Technology, 2021, 42 (12): 1874-1884.

[145] IIMI A. Escaping from the Resource Curse: Evidence from Botswana
and the Rest of the World [J]. IMF Staff Papers, 2007, 54 (4):
663-699.

[146] JAMES A, AADLAND D. The curse of natural resources: An empirical
investigation of US counties [J]. Resource and Energy Economics,
2011, 33 (2): 440-453.

[147] JAYANTHAKUMARAN K, VERMA R, LIU Y. CO_2 emissions, energy
consumption, trade and income: a comparative analysis of China and
India [J]. Energy Policy, 2012 (42): 450-460.

[148] JORGENSON D W, STIROH K J. US economic growth at the industry
level [J]. American Economic Review, 2000, 90 (2): 161-167.

[149] KALISA E, FADLALLAH S, AMANI M, et al. Temperature and air
pollution relationship during heatwaves in Birmingham, UK [J].
Sustainable Cities and Society, 2018 (43): 111-120.

[150] KRUEGER A O. Government failures in development [J]. Journal of
Economic Perspectives, 1990, 4 (3): 9-23.

[151] KRUGMAN P. The myth of Asia's miracle [J]. Foreign Affairs, 1994:
62-78.

[152] KUAI P, LI W, CHENG R, et al. An application of system dynamics
for evaluating planning alternatives to guide a green industrial
transformation in a resource-based city [J]. Journal of Cleaner
Production, 2015 (104): 403-412.

[153] KUMAR S. Environmentally sensitive productivity growth: A global
analysis using Malmquist – Luenberger index [J]. Ecological

Economics, 2006, 56 (2): 280-293.

[154] LEE H, CHOI Y. Greenhouse gas performance of Korean local governments based on non-radial DDF [J]. Technological Forecasting and Social Change, 2018 (135): 13-21.

[155] LEIPPRAND A, FLACHSLAND C. Regime destabilization in energy transitions: The German debate on the future of coal [J]. Energy Research & Social Science, 2018 (40): 190-204.

[156] LELEU H. A linear programming framework for free disposal hull technologies and cost functions: Primal and dual models [J]. European Journal of Operational Research, 2006, 168 (2): 340-344.

[157] LI B, DEWAN H. Efficiency differences among China's resource-based cities and their determinants [J]. Resources Policy, 2017 (51): 31-38.

[158] LI H, LONG R, CHEN H. Economic transition policies in Chinese resource-based cities: An overview of government efforts [J]. Energy Policy, 2013 (55): 251-260.

[159] LI K, LIN B. Impact of energy conservation policies on the green productivity in China's manufacturing sector: Evidence from a three-stage DEA model [J]. Applied Energy, 2016 (168): 351-363.

[160] LI L, LEI Y, PAN D, et al. Research on sustainable development of resource-based cities based on the DEA approach: A case study of Jiaozuo, China [J]. Mathematical Problems in Engineering, 2016.

[161] LI X, HU Z, CAO J. The impact of carbon market pilots on air pollution: Evidence from China [J]. Environmental Science and Pollution Research, 2021 (28).

[162] LI X, WANG D. Does transfer payments promote low-carbon development of resource-exhausted cities in China? [J]. Earth's Future, 2022, 10 (1).

[163] LI Z, MENG N, YAO X. Sustainability performance for China's transportation industry under the environmental regulation [J]. Journal of Cleaner Production, 2017 (142): 688-696.

[164] LIU H. Comprehensive carrying capacity of the urban agglomeration in the Yangtze River Delta, China [J]. Habitat International, 2012, 36 (4): 462-470.

[165] LIU Y, YIN G, MA L J C. Local state and administrative urbanization in post-reform China: A case study of Hebi City, Henan Province [J]. Cities, 2012, 29 (2): 107-117.

[166] LU C, XUE B, LU C, et al. Sustainability investigation of resource-based cities in northeastern China [J]. Sustainability, 2016, 8 (10): 1058.

[167] LU H, LIU M, SONG W. Place-based policies, government intervention, and regional innovation: Evidence from China's Resource-Exhausted City program [J]. Resources Policy, 2022 (75): 102438.

[168] LUO P, MIAO Y, CHANG J. The "Classification-Strategies" method for the eco-transition of "mine-city" system-taking Xuzhou city as an example [J]. Journal of Urban Management, 2020, 9 (3): 360-371.

[169] MCCRARY J. The effect of court-ordered hiring quotas on the composition and quality of police [J]. American Economic Review, 2007, 97 (1): 318-353.

[170] MEHLUM H, MOENE K, TORVIK R. Institutions and the resource curse [J]. The Economic Journal, 2006, 116 (508): 1-20.

[171] MORADBEIGI M, LAW S H. Growth volatility and resource curse: does financial development dampen the oil shocks? [J]. Resources Policy, 2016 (48): 97-103.

[172] NGO T Q. How do environmental regulations affect carbon emission and energy efficiency patterns? A provincial-level analysis of Chinese energy-intensive industries [J]. Environmental Science and Pollution Research, 2022, 29 (3): 3446-3462.

[173] OH D. A global Malmquist-Luenberger productivity index [J]. Journal of Productivity Analysis, 2010 (34): 183-197.

[174] OH D, HESHMATI A. A sequential Malmquist - Luenberger productivity index: environmentally sensitive productivity growth considering the progressive nature of technology [J]. Energy Economics, 2010, 32 (6): 1345-1355.

[175] PAN X, CHU J, TIAN M, et al. Non-linear effects of outward foreign direct investment on total factor energy efficiency in China [J]. Energy, 2022 (239): 122293.

[176] PASTOR J T, LOVELL C A K. A global Malmquist productivity index

[J]. Economics Letters, 2005, 88 (2): 266-271.

[177] PERETTO P F. Resource abundance, growth and welfare: A Schumpeterian perspective [J]. Journal of Development Economics, 2012, 97 (1): 142-155.

[178] PERETTO P F, VALENTE S. Resources, innovation and growth in the global economy [J]. Journal of Monetary Economics, 2011, 58 (4): 387-399.

[179] QIU W, ZHANG J, WU H, et al. The role of innovation investment and institutional quality on green total factor productivity: Evidence from 46 countries along the "Belt and Road" [J]. Environmental Science and Pollution Research, 2021: 1-15.

[180] REARDON T, BARRETT C B, BERDEGUÉ J A, et al. Agrifood industry transformation and small farmers in developing countries [J]. World Development, 2009, 37 (11): 1717-1727.

[181] CHANGE E T. Endogenous Technological Change [J]. Journal of Political Economy, 1990, 98 (5): 2.

[102] SABOORI B, SAPRI M, BIN BABA M. Economic growth, energy consumption and CO_2 emissions in OECD (Organization for Economic Co-operation and Development)'s transport sector: A fully modified bi-directional relationship approach [J]. Energy, 2014 (66): 150-161.

[183] SABOORI B, SULAIMAN J. Environmental degradation, economic growth and energy consumption: Evidence of the environmental Kuznets curve in Malaysia [J]. Energy policy, 2013 (60): 892-905.

[184] SABOORI B, SULAIMAN J, MOHD S. Economic growth and CO_2 emissions in Malaysia: A cointegration analysis of the environmental Kuznets curve [J]. Energy Policy, 2012 (51): 184-191.

[185] SACHS J D, WARNER A M. The big push, natural resource booms and growth [J]. Journal of Development Economics, 1999, 59 (1): 43-76.

[186] SARMIDI T, HOOK LAW S, JAFARI Y. Resource curse: New evidence on the role of institutions [J]. International Economic Journal, 2014, 28 (1): 191-206.

[187] SHAO J, ZHOU J. Study on the influences of industry transformation on the sustainable development of resource-exhausted city space

[J]. Procedia Engineering, 2011 (21): 421-427.

[188] SHAO S, YANG L. Natural resource dependence, human capital accumulation, and economic growth: A combined explanation for the resource curse and the resource blessing [J]. Energy Policy, 2014 (74): 632-642.

[189] SHARMA S S. Determinants of carbon dioxide emissions: Empirical evidence from 69 countries [J]. Applied Energy, 2011, 88 (1): 376-382.

[190] SINN H W. Public policies against global warming: A supply side approach [J]. International Tax and Public Finance, 200 (15): 360-394.

[191] SMALL C, ELVIDGE C D, BALK D, et al. Spatial scaling of stable night lights [J]. Remote Sensing of Environment, 2011, 115 (2): 269-280.

[192] SOLOW R M. Technical change and the aggregate production function [J]. The review of Economics and Statistics, 1957, 39 (3): 312-320.

[193] SONG M, PENG L, SHANG Y, et al. Green technology progress and total factor productivity of resource-based enterprises: A perspective of technical compensation of environmental regulation [J]. Technological Forecasting and Social Change, 2022 (174): 121276.

[194] SOYTAS U, SARI R, EWING B T. Energy consumption, income, and carbon emissions in the United States [J]. Ecological Economics, 2007, 62 (3-4): 482-489.

[195] SUN L, LI H, DONG L, et al. Eco-benefits assessment on urban industrial symbiosis based on material flows analysis and emergy evaluation approach: A case of Liuzhou city, China [J]. Resources, Conservation and Recycling, 2017 (119): 78-88.

[196] SUN Y, LIAO W C. Resource-Exhausted City Transition to continue industrial development [J]. China Economic Review, 2021 (67): 101623.

[197] SUOCHENG D, ZEHONG L, BIN L, et al. Problems and strategies of industrial transformation of China's resource-based cities [J]. China Population, Resources and Environment, 2007, 17 (5): 12-17.

[198] TAI X, XIAO W, TANG Y. A quantitative assessment of vulnerability

using social-economic-natural compound ecosystem framework in coal mining cities [J]. Journal of Cleaner Production, 2020 (258): 120969.

[199] TAKATSUKA H, ZENG D Z, ZHAO L. Resource-based cities and the Dutch disease [J]. Resource and Energy Economics, 2015 (40): 57-84.

[200] TAN J, ZHANG P, LO K, et al. Conceptualizing and measuring economic resilience of resource-based cities: Case study of Northeast China [J]. Chinese Geographical Science, 2017 (27): 471-481.

[201] TAN J, ZHANG P, LO K, et al. The urban transition performance of resource-based cities in Northeast China [J]. Sustainability, 2016, 8 (10): 1022.

[202] TIAN J, LIU W, LAI B, et al. Study of the performance of eco-industrial park development in China [J]. Journal of Cleaner Production, 2014 (64): 486-494.

[203] TONTS M, PLUMMER P, LAWRIE M. Socio-economic wellbeing in Australian mining towns: A comparative analysis [J]. Journal of Rural Studies, 2012, 28 (3): 288-301.

[204] TORVIK R. Natural resources, rent seeking and welfare [J]. Journal of Development Economics, 2002, 67 (2): 455-470.

[205] TSANI S Z. Energy consumption and economic growth: A causality analysis for Greece [J]. Energy Economics, 2010, 32 (3): 582-590.

[206] VAN DER WERF E, DI MARIA C. Imperfect environmental policy and polluting emissions: The green paradox and beyond [J]. International Review of Environmental and Resource Economics, 2012, 6 (2): 153-194.

[207] WAN L, YE X, LEE J, et al. Effects of urbanization on ecosystem service values in a mineral resource-based city [J]. Habitat International, 2015 (46): 54-63.

[208] WANG K, WU M, SUN Y, et al. Resource abundance, industrial structure, and regional carbon emissions efficiency in China [J]. Resources Policy, 2019 (60): 203-214.

[209] WANG S, LIU H. Failure transitions in metal plates with a two-dimensional meshfree continuum method [J]. Thin-Walled

Structures, 2012, 50 (1): 1-13.

[210] WANG Y, DENG X, ZHANG H, et al. Energy endowment, environmental regulation, and energy efficiency: Evidence from China [J]. Technological Forecasting and Social Change, 2022 (177): 121528.

[211] WEBER K M, ROHRACHER H. Legitimizing research, technology and innovation policies for transformative change: Combining insights from innovation systems and multi-level perspective in a comprehensive 'failures' framework [J]. Research Policy, 2012, 41 (6): 1037-1047.

[212] WU G, GAO Y, FENG Y. Assessing the environmental effects of the supporting policies for mineral resource-exhausted cities in China [J]. Resources Policy, 2023 (85): 103939.

[213] WU R, LIN B. Environmental regulation and its influence on energy-environmental performance: Evidence on the Porter Hypothesis from China's iron and steel industry [J]. Resources, Conservation and Recycling, 2022 (176): 105954.

[214] XIAO W, HU Z, LI J, et al. A study of land reclamation and ecological restoration in a resource-exhausted city - a case study of Huaibei in China [J]. International Journal of Mining, Reclamation and Environment, 2011, 25 (4): 332-341.

[215] YAN D, KONG Y, REN X, et al. The determinants of urban sustainability in Chinese resource-based cities: A panel quantile regression approach [J]. Science of the Total Environment, 2019 (686): 1210-1219.

[216] YANG B, ZHAN X, TIAN Y. Evaluation on the effect of the transformation policy of resource-exhausted cities—An empirical analysis based on the difference-in-difference model [J]. Energy Reports, 2021 (7): 959-967.

[217] YANG D, GAO X, XU L, et al. Constraint-adaptation challenges and resilience transitions of the industry - environmental system in a resource-dependent city [J]. Resources, Conservation and Recycling, 2018 (134): 196-205.

[218] YANG S, WANG C, ZHANG H, et al. Environmental regulation, firms' bargaining power, and firms' total factor productivity: evidence from China [J]. Environmental Science and Pollution

Research, 2022: 1-13.

[219] YANG Y, GUO H, CHEN L, et al. Regional analysis of the green development level differences in Chinese mineral resource-based cities [J]. Resources Policy, 2019 (61): 261-272.

[220] YANG Z, FAN M, SHAO S, et al. Does carbon intensity constraint policy improve industrial green production performance in China? A quasi-DID analysis [J]. Energy Economics, 2017 (68): 271-282.

[221] YAO X, ZHOU H, ZHANG A, et al. Regional energy efficiency, carbon emission performance and technology gaps in China: A meta-frontier non-radial directional distance function analysis [J]. Energy Policy, 2015 (84): 142-154.

[222] YU C, DE JONG M, CHENG B. Getting depleted resource-based cities back on their feet again - the example of Yichun in China [J]. Journal of Cleaner Production, 2016 (134): 42-50.

[223] YU C, LI H, JIA X, et al. Improving resource utilization efficiency in China's mineral resource-based cities: A case study of Chengde, Hebei province [J]. Resources, Conservation and Recycling, 2015 (94): 1-10.

[224] YU S, ZHENG S, ZHANG X, et al. Realizing China's goals on energy saving and pollution reduction: Industrial structure multi-objective optimization approach [J]. Energy Policy, 2018 (122): 300-312.

[225] YU W, PENG Y, YAO X. The effects of China's supporting policy for resource-exhausted cities on local energy efficiency: An empirical study based on 284 cities in China [J]. Energy Economics, 2022 (112): 106165.

[226] ZENG L, GUO J, WANG B, et al. Analyzing sustainability of Chinese coal cities using a decision tree modeling approach [J]. Resources Policy, 2019 (64): 101501.

[227] ZHANG H, XIONG L, LI L, et al. Political incentives, transformation efficiency and resource-exhausted cities [J]. Journal of Cleaner Production, 2018 (196): 1418-1428.

[228] ZHANG L, YUAN Z, BI J, et al. Eco-industrial parks: National pilot practices in China [J]. Journal of Cleaner Production, 2010, 18 (5): 504-509.

[229] ZHANG M, TAN F, LU Z. Resource-based cities (RBC): A road to

sustainability [J]. International Journal of Sustainable Development & World Ecology, 2014, 21 (5): 465-470.

[230] ZHANG N, CHOI Y. A note on the evolution of directional distance function and its development in energy and environmental studies 1997-2013 [J]. Renewable and Sustainable Energy Reviews, 2014 (33): 50-59.

[231] ZHANG Y J. The impact of financial development on carbon emissions: An empirical analysis in China [J]. Energy Policy, 2011, 39 (4): 2197-2203.

[232] ZHANG Y J, DA Y B. The decomposition of energy-related carbon emission and its decoupling with economic growth in China [J]. Renewable and Sustainable Energy Reviews, 2015 (41): 1255-1266.

[233] ZHAO L, CHEN L. Research on the impact of government environmental information disclosure on green total factor productivity: empirical experience from Chinese province [J]. International Journal of Environmental Research and Public Health, 2022, 19 (2): 729.

[234] ZHAO X, ZHANG X, SHAO S. Decoupling CO2 emissions and industrial growth in China over 1993 - 2013: the role of investment [J]. Energy Economics, 2016 (60): 275-292.

[235] ZHAO Y, DAI R, YANG Y, et al. Integrated evaluation of resource and environmental carrying capacity during the transformation of resource-exhausted cities based on Euclidean distance and a Gray-TOPSIS model: A case study of Jiaozuo City, China [J]. Ecological Indicators, 2022 (142): 109282.

[236] ZHENG Q, WENG Q, WANG K. Developing a new cross-sensor calibration model for DMSP-OLS and Suomi-NPP VIIRS night-light imageries [J]. ISPRS Journal of Photogrammetry and Remote Sensing, 2019 (153): 36-47.

[237] ZHOU P, ANG B W, HAN J Y. Total factor carbon emission performance: a Malmquist index analysis [J]. Energy Economics, 2010, 32 (1): 194-201.

[238] ZOU H, ZHANG Y. Does environmental regulatory system drive the green development of China's pollution-intensive industries? [J]. Journal of Cleaner Production, 2022 (330): 129832.

索引